GERMAN
Extra!

Paul Coggle
and
Heiner Schenke

TEACH YOURSELF BOOKS

For UK orders: please contact Bookpoint Ltd, 39 Milton Park, Abingdon, Oxon OX14 4TD. Telephone: (44) 01235 400414, Fax: (44) 01235 400454. Lines are open from 9.00–6.00, Monday to Saturday, with a 24 hour message answering service. Email address: orders@bookpoint.co.uk

For U.S.A. & Canada orders: please contact NTC/Contemporary Publishing, 4255 West Touhy Avenue, Lincolnwood, Illinois 60646–1975, U.S.A. Telephone: (847) 679 5500, Fax: (847) 679 2494.

Long renowned as the authoritative source for self-guided learning – with more than 30 million copies sold worldwide – the *Teach Yourself* series includes over 200 titles in the fields of languages, crafts, hobbies, business and education.

British Library Cataloguing in Publication Data
A catalogue record for this title is available from The British Library.

Library of Congress Catalog Card Number: On file

First published in UK 1999 by Hodder Headline Plc, 338 Euston Road, London, NW1 3BH.

First published in US 2000 by NTC/Contemporary Publishing, 4255 West Touhy Avenue, Lincolnwood (Chicago), Illinois 60646–1975 U.S.A.

Typeset by Transet Limited, Coventry, England.
Printed in Great Britain for Hodder & Stoughton Educational, a division of Hodder Headline Plc, 338 Euston Road, London NW1 3BH by Cox & Wyman Ltd, Reading, Berkshire.

Impression number   10 9 8 7 6 5 4 3 2
Year   2005 2004 2003 2002 2001 2000

CONTENTS

INTRODUCTION

Welcome to Teach Yourself German Extra!

Is this the right course for you?

Teach Yourself German Extra! is designed for a number of different kinds of learner.

- Are you an adult learner who has completed a beginners' course such as **Teach Yourself German**?
- Perhaps you are taking up German again after a break from it?
- Are you looking for a course that will help you to achieve A-level standard in German?
- Do you want to study on your own?
- Are you intending to learn with the support of a class?
- Are you preparing for an examination (such as A-level) and want a thorough revision?

If so, you will find this course very well suited to your purposes.

Developing your skills

The language introduced in this course is centred around realistic everyday situations ranging from talking about daily routines, interests and hobbies to expressing opinions or talking about health issues or the media.

The first units are designed to consolidate and build on your previous knowledge, focusing on some of the essential language functions and grammatical points. You will then progress to dealing with more complex language and issues in the subsequent units.

The course covers all four of the basic skills – listening and speaking, reading and writing. If you are working on your own, the audio recordings will be all the more important, as they will provide you with the essential opportunity to listen to German and to speak it within a controlled framework.

The structure of this course

The course book contains **10 course units** plus a **reference section** at the back of the book. There are also two **audio cassettes** which you really should have if you are going to get maximum benefit from the course.

To help you find your way around the course materials, icons are used to let you know the main purpose of the various components of each unit.

The course units

The course units can be roughly divided into the following categories, although of course there is a certain amount of overlap from one category to another.

Statement of aims

At the beginning of each unit you will be told what you can expect to learn, in terms of (a) what you will be able to **do** in German by the end of the unit and (b) the language points that are being introduced.

Presentation of new language

This is usually in the form of spoken language ◖◗ which has been recorded ▦ and which is supported by transcriptions either in the body of the units or in the back of the book. Some assistance with vocabulary is also given 🔑 .

Practice of the new language

Practice is organised in such a way that you first demonstrate your understanding. You then progress to exercises ✔ which require you to utilise the language forms.

Description of language forms and grammar

Information on the forms of the language is presented in two ways:

(i) in digestible 'bites' in **Tips**

and

(ii) in the grammar section 🔧 .

Learning the forms of the language will enable you to construct your own sentences correctly.

Pronunciation and intonation

The best way to acquire good pronunciation and intonation is to listen to native speakers and to try to imitate them. But most people do not actually notice that certain sounds in German are pronounced differently from their English counterparts, until this is pointed out to them. For this reason we include specific advice on the cassettes.

Information on German-speaking countries

In the **Deutschland – Info** boxes, you will find information on various aspects of life – from the attractions of German-speaking cities such as Salzburg and Munich, to the system of education and training in Germany.

Vocabulary

In addition to the Key Words and Phrases in each unit, there is also a German-English reference glossary at the back of the book.

Monitoring your progress

You will of course want to monitor your own progress. We provide additional exercises at the end of each unit for you to check whether you have mastered the main points.

The reference section

This contains:

- transcripts of the listening comprehension recordings
- a key to the activities and exercises
- a list of German irregular verbs
- a German – English glossary
- an index of grammar points

How to use this course

Make sure at the beginning of each course unit that you are clear about what you can expect to learn.

Much of the language in the course is presented in spoken form. It is therefore important to obtain the cassettes. Most units contain three recorded dialogues or monologues – the first and the last are also presented in written form in the body of the unit. The transcripts of the second recording in each unit can be found at the back of the book.

Start by listening to the first recording. Try to get a feel for what is being said before you look at the printed text in the book. After this first hearing, refer to the printed text and the Key Words and Phrases in order to study the material in more detail. Listen to the recording several times until you feel familiar with it. Don't forget that even when you *recognise* what you hear and read, you will probably still have some way to go before you can *produce* the language correctly and fluently.

Some of the recordings are intended to be listen-only exercises. The main point of listening exercises is to improve your listening skills, so don't be tempted to go straight to the transcriptions at the back of the book in order to read what you are meant to hear. The transcriptions are really there to help you if you get stuck.

As you move through the unit, read the information about language points, so that you understand how a given feature of the language works. We have tried to make both the language *TIPS* and the grammar explanations as user-friendly as possible, and to present these in relatively small amounts. Of course it is up to you how much time you wish to spend on studying and sorting out the grammar points. Some people find that they can do better by getting an ear for what sounds right; others need to know in detail how the language is put together.

The exercises are strategically interspersed throughout the unit. When you have completed an exercise, check your answers carefully at the back of the book. If you have a 'study buddy' it's a good idea to check each other's answers. Most of the exercises have fixed answers, but some are a bit more open-ended. In such cases we usually give just one possible set of answers.

In most units, one of the activities is a simple liaison interpretation exercise. This is your chance to produce spoken German within a controlled framework. Model responses are provided on the audio.

It is a good idea to make your own list of new words and phrases for each unit. Before you move on to a new unit you can then monitor your progress in vocabulary learning. Try covering up the English side of your list and producing the English equivalents of the German. If you find that relatively easy, go on to cover up the German side and produce the German equivalents of the English. Trying to recall the context in which words and phrases were used may help you to learn them better.

To enjoy success in learning a language, you need to work at it regularly. Don't try to do too much at once. For most people 20 minutes a day is more productive than 2 hours in a block once a week.

Where can I find real German?

Don't expect to be able to understand everything you hear or read straight away. If you watch German-speaking programmes on TV or buy German magazines, you should not get discouraged when you realise how quickly native-speakers speak and how much vocabulary there is still to be learnt. Just concentrate on a *small* extract – either a video/audio clip or a short article – and work through it until you have mastered it. In this way, you'll find that your command of German increases steadily.

Sources of real German

Newspapers, magazines (e.g. *Bild-Zeitung*, *Stern*, *Focus*)
Satellite TV channels (e.g. *ARD*, *ZDF*, *RTL*, *SAT 1*)
Radio stations, on Medium Wave after dark or via satellite
World Wide Web sites (e.g. *http://www.yahoo.de http://www.dino-online.de*)

The *Goethe Institut*, which is represented in most countries, may be able to help you with enquiries about German Language courses and about aspects of life in Germany. Their World Wide Web site is: *http://www.goethe.de*

See also: *http://www.austriaculture.net/* for information on Austrian life and culture.

1 | LEUTE, LEUTE

Lernziele

In this unit you will learn how to:

■ talk about personal details
■ ask other people about themselves
■ ask different types of questions
■ use prepositions
■ identify gender and form the plural of nouns

Aufnahme 1

Ein Interview mit Frau Peters

Hören Sie, was Frau Peters über sich erzählt und machen sie dann Übungen 1 und 2.

Listen to what Frau Peters says about herself and then do exercises 1 and 2.

Reporter   Frau Peters, können Sie ein bisschen über sich erzählen?

Frau Peters   Ja, natürlich. Mein Name ist Ulrike Peters. Ich bin 1962 in Berlin geboren, bin dort auch aufgewachsen und lebe jetzt seit 12 Jahren hier in Köln.

Reporter   Und sind Sie berufstätig?

Frau Peters   Ja, ich arbeite halbtags als Fremdsprachen-Sekretärin bei einer Versicherungsfirma. Normalerweise arbeite ich am Vormittag, von halb neun bis ein Uhr, und die Arbeit macht mir sehr viel Spaß.

Reporter   Und welche Sprachen sprechen Sie?

Frau Peters	Ich spreche fließend Französisch und Englisch. Ich habe vier Jahre in Bristol gelebt und dort an der Universität studiert. Außerdem kann ich ein bisschen Spanisch und Italienisch.
Reporter	Sind Sie denn verheiratet?
Frau Peters	Ja, ich bin seit fast 10 Jahren mit meinem Mann verheiratet, und wir haben zwei Kinder.
Reporter	Was macht denn Ihr Mann?
Frau Peters	Mein Mann ist selbstständig. Er ist Architekt und hat ein kleines Architektenbüro hier in Köln.
Reporter	Und haben Sie ein Hobby?
Frau Peters	Im Moment habe ich leider nicht viel Zeit. Ich interessiere mich aber sehr für Sprachen und gehe einmal in der Woche zu einem Englischkurs für Fortgeschrittene. Die Klasse macht mir sehr viel Spaß.

✔ Übung 1

Richtig oder falsch? Korrigieren Sie die falschen Aussagen

Decide whether the following statements are true or false and correct the false statements. As with all exercises, you can check your answers in the key section, starting at page 176.

Beispiele: Frau Peters ist in Köln geboren. – *Falsch. Sie ist in Berlin geboren*.

Sie arbeitet halbtags bei einer Versicherungsfirma. – *Richtig*.

(a) Die Arbeit gefällt ihr nicht.
(b) Sie hat vier Jahre in Schottland gelebt.
(c) Sie ist seit fast 10 Jahren verheiratet.
(d) Ihr Mann ist Angestellter in einem Architektenbüro.
(e) Sie geht zu einem Anfängerkurs in Englisch.

aufwachsen (sep.)	*to grow up*
berufstätig sein	*to be working, to work*
die Versicherungsfirma (-firmen)	*insurance company*
fließend	*fluent*
selbstständig	*self-employed*
für Fortgeschrittene	*for advanced learners*
der Anfängerkurs (-e)	*beginner's course*

⚡ Übung 2

Welches Wort fehlt?

fließend   Spaß   verheiratet   halbtags   interessiert
selbstständig   ~~berufstätig~~

Beispiel: Frau Peters arbeitet. → Sie ist *berufstätig*.

(a) Sie arbeitet Teilzeit. → Sie arbeitet _halbtags_
(b) Ihre Arbeit gefällt ihr. → Ihre Arbeit macht ihr _____.
(c) Frau Peters hat einen Ehemann. → Sie ist _____.
(d) Ihr Mann hat eine eigene Firma. → Er ist _____.
(e) Sie spricht sehr gut Französisch. → Sie spricht _____ Französisch.
(f) Ein Hobby von ihr sind Sprachen. → Sie _____ sich für Sprachen.

TIP 1: Forming questions

In German there are two main types of question. The first starts with a question word, such as **woher?, wie?, was?**, etc.:

Woher kommen Sie?
Was macht Ihr Mann beruflich?

Here the question word is usually in the first position and followed by a verb.

The second type are often called **ja/nein** questions, because they require either **ja** or **nein** as an answer. Here the verb moves into first position.

Kommen Sie aus Deutschland?
Ist Ihr Mann berufstätig?

*Now read through the dialogue again. How many **ja/nein** and **w-** questions can you find?*

TIP 2: Prepositions and locations, etc.

When talking about your personal details you usually want to say where you come from, where you have worked or studied, and so on.

Here is a list of useful prepositions for this purpose:

to come **from** –	Ich komme **aus** Berlin.
to work **as** –	Er arbeitet **als** Architekt.
to work **for** a company –	Ich arbeite **bei** einer Versicherungsfirma.
to work **in** an office etc. –	Sie arbeitet **in** einem Büro.
for twelve years –	Sie wohnt **seit** 12 Jahren in Köln.

*Can you work out from the dialogue how you would say **to study at** and **to be married to** in German? Remember that you can check all your answers in the key.*

☑ Übung 3

Wie heißen die Präpositionen?

Darren wrote a short biographical note about himself in German but wasn't sure about which prepositions to use. Can you help him?

Ich wurde __am__ 3. Dezember 1979 (a) Manchester geboren. Als ich 10 Jahre alt war, zogen meine Eltern (b) Bristol. Im Moment studiere ich (c) der Universität. Nebenbei jobbe ich (d) einer Kneipe. Ich bin nicht verheiratet, aber ich habe (e) vier Jahren eine Freundin, Tracy. Sie kommt (f) Bath und ist Therapeutin (g) einem Krankenhaus. Später möchte ich gern (h) Informatiker arbeiten.

☑ Übung 4

Was passt zusammen? Find the right answer for each question.

(a) Wie heißen Sie, bitte?   (i) Ja, seit sieben Jahren.

(b) Kommen Sie denn aus   (ii) Ich arbeite bei der Royal Bank
    Kanada?   of Scotland.

(c) Und wo sind Sie geboren?   (iii) Ich lerne es seit fünf Jahren.

(d) Sind Sie verheiratet?   (iv) Mein Name ist John Harrison

(e) Haben Sie Kinder?   (v) In der Nähe von Glasgow.

(f) Und sind Sie berufstätig?   (vi) Nein, aus Schottland.

(g) Wie lange lernen Sie Deutsch? (vii) Zwei Töchter und zwei Söhne.

Und was antworten Sie? Now go through the questions and answer them for yourself.

Aufnahme 2

Drei Kandidaten stellen sich vor

Übung 5

In einer Fernsehshow stellen sich drei Personen vor. Hören Sie der Aufnahme zu und finden Sie die fehlenden Informationen.

In a German TV show three candidates introduce themselves. Listen to the recording and fill in the missing information in the grid.

Remember that you can read the transcripts of all recordings which don't appear in the units in the back of the book. Here is a reminder of the words you might need for the marital status column: single/ledig *single*, geschieden *divorced* and verwitwet *widowed*.

	Alter	Familienstand	Wohnort	Beruf	Hobbys
Martin			Apolda, in Thüringen		
Petra				Hotelfachfrau	
Max					

vorstellen (sep.)	to introduce
die Ausgabe (-n)	here: edition
in der Nähe von	close to, near
das Bockbierfest (-e)	bock beer festival
ein zeitraubender Job	a time-consuming job
die Hotelfachfrau	hotel manageress
die Pension (-en)	guesthouse, pension
führen	here: to run
gefährlich	dangerous

Übung 6

Welche Frage passt?

1 Ja, ich bin der Martin.
   (a) Wie heißen Sie denn?
   (b) Können Sie sich bitte vorstellen?
   (c) Und wie ist Ihr Nachname?

2 Nicht so viel. Aber ich gehe gern ins Kino.
  (a) Bleibt Ihnen denn Zeit für ein Hobby?
  (b) Und was machen Sie gern in Ihrer Freizeit?
  (c) Gehen Sie gern ins Kino?

3 Ich bin Hotelfachfrau.
  (a) Was machen Sie in Ihrer Freizeit?
  (b) Was sind Sie von Beruf?
  (c) Was sind Ihre Hobbys?

4 Nein. Ich bin single und noch zu haben.
  (a) Und sind Sie single?
  (b) Und sind Sie ledig?
  (c) Und sind Sie verheiratet?

5 Ich liebe es gefährlich und mache Bungeespringen.
  (a) Was machen Sie denn nicht gern?
  (b) Was für Hobbys haben Sie?
  (c) Ist Bungeespringen gefährlich?

DEUTSCHLAND – INFO

German is spoken not only in Germany, but also in Luxemburg, Switzerland and Austria. Altogether there are about 110 million speakers. Standard German is called **Hochdeutsch**, but there are many dialects with their own vocabulary and grammar which continue to thrive, especially in southern Germany, Austria and Switzerland. The feeling of belonging first and foremost to a region, such as Bavaria or Thuringia, is very strong in Germany.

There are, of course, close political and cultural links between Germany, Austria and Switzerland. It is quite common for people from these countries to appear in game shows on TV or radio. So whenever you tune in to German-speaking programmes on the radio or TV, don't be surprised to hear a broad variety of accents and dialects.

The ARD is one of the main public broadcasting organisations in Germany

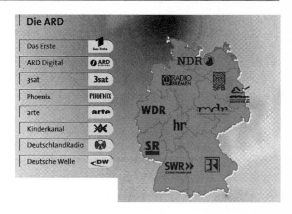

Übung 7

Sagen Sie's auf Deutsch!

Which phrases in **Aufnahme 2** were used to express the following? You can find the answers in the tapescript on page 166.

(a) Can you please introduce yourself briefly.
(b) What do you do for a living? (lit. What are you by profession?)
(c) What do you do in your spare time?
(d) What sort of hobbies do you have?
(e) I like going to the cinema.
(f) In the holidays I go surfing.

TIP 3: Gender

Here are a few guidelines based on the endings of nouns which might help you work out the genders of certain nouns.

Masculine nouns   -ig, -ismus, -ist, -ling, -or
Feminine nouns   -a, ei, -enz, -heit, -ie, -ik, -ion, -keit, -schaft, -tät, -ung, -ur
Neuter nouns   -chen, -(i)um, -lein, -ment, -tel, -tum

Note that there are some exceptions to these general guidelines (such as **das Genie** or **der Moment**). The majority of nouns ending in **-e** tend to be feminine (**die Frage, die Kneipe**), but watch out for exceptions such as **der Name**.

✔ Übung 8

Wie heißen die Artikel?

Do you know the gender of the following nouns? Try to do the exercise first and then check the endings against the guidelines in *TIP 3*.

(a) *die* Bundesrepublik   (d) ___ Dokument   (g) ___ Museum
(b) ___ Nation   (e) ___ Kapitalismus (h) ___ Gymnasium
(c) ___ Wirtschaft   (f) ___ Sozialismus   (i) ___ Deutschklasse

🎧 Aufnahme 3

Im Inter-City-Express nach Berlin

Susanne und Marcus lernen sich im ICE auf der Fahrt nach Berlin kennen. Hören Sie den Dialog und beantworten Sie die Fragen.

Übung 9

(a) Wie oft fährt Marcus nach Berlin?
(b) Was studiert seine Freundin?
(c) Was studiert Susanne?
(d) Wo arbeitet ihre Schulfreundin in Berlin?
(e) Was möchte sie Susanne zeigen?
(f) Wie findet Marcus die Leute in Berlin?

Marcus	Fährst du das erste Mal nach Berlin?
Susanne	Ja. Ich wollte Berlin schon seit langem besuchen, aber hatte nie genug Zeit. Und du? Warst du schon mal in Berlin?
Marcus	Ja, schon öfters. Meine Freundin wohnt dort und darum fahre ich fast jedes zweite Wochenende dorthin.
Susanne	Und woher kommst du?
Marcus	Ich wohne in Hannover.
Susanne	Na, das ist ja nicht so weit.
Marcus	Nicht so weit? Tja, aber auf Dauer ist diese Fahrerei ganz schön kostspielig.
Susanne	Und was macht deine Freundin in Berlin?
Marcus	Sie studiert Film an der HdK, der Hochschule der Künste. Sie ist natürlich sehr glücklich, dass sie dort einen Studienplatz bekommen hat. Und was machst du? Studierst du auch?
Susanne	Ja, ich studiere Medizin in Göttingen. Ich möchte gern Kinderärztin werden.
Marcus	Und was willst du in Berlin machen?
Susanne	Ich besuche eine alte Schulfreundin von mir, die seit einem Jahr in Berlin wohnt und in einer Kneipe arbeitet. Sie will mich ihren Freunden vorstellen und mir natürlich das Berliner Nachtleben zeigen. Darauf freue ich mich schon.
Marcus	Mir gefällt Berlin sehr gut. Ich finde, dass die meisten Leute sehr offen sind. Überhaupt kann man hier Menschen aus der ganzen Welt treffen. Das macht die Stadt sehr lebendig. Dir wird es bestimmt sehr gut gefallen.

auf Dauer	in the long term
die Fahrerei	travelling
kostspielig	expensive
der Studienplatz (-¨e)	university place
darauf freue ich mich	I am looking forward to that
lebendig	lively

✔ Übung 10

Ergänzen Sie

Study the dialogue once more and complete these phrases with the missing information.

(a) Susanne wollte Berlin ...
(b) Marcus kommt ...
(c) Die Fahrerei ist auf Dauer ...
(d) Seine Freundin ist glücklich, dass ...
(e) Susanne möchte gern ...
(f) Sie besucht eine ...
(g) Marcus sagt, in Berlin kann man ...
(h) Das macht die Stadt ...

📷 Grammatik

1 Prepositions

As you saw in *TIP 2* the prepositions used in German are often different from those which English-speakers might expect. Here are a few guidelines to help you decide which preposition to use in a given context. The list is not comprehensive, but it does give you the most commonly found usages.

(a) Origins / Details
   to live **in** –   Claudia wohnt **in** Dresden.
   to come **from** –   Ich komme **aus** Berlin.
   to be married **to** –   Sie ist **mit** Michael verheiratet.

(b) Work
   to work **in** an office etc. –   Sie arbeitet **in** einem Büro.
   to work **as** –   Er arbeitet **als** Architekt.
   to work **for** a company –   Ich arbeite **bei** einer Versicherungsfirma.

(c) Time
   20 years **ago** –   **Vor** 20 Jahren..
   For 20 years –   **Seit** 20 Jahren ...

(e) Study / Leisure time

to go **to** school –	Die Kinder gehen **in** die Schule.
to study **at** –	Er studiert **an** der Humbold-Universität.
to go **to** a course –	Sie geht **zu** einem Englischkurs.

Don't forget that a preposition + article is commonly combined to form one word:

in + das	Jörg geht **ins** Büro.
zu + dem	Frau Heinze muss **zum** Arzt.
zu + der	Er geht **zur** Arbeit.

For information on the cases which follow prepositions, see units 5 and 7.

2 Gender

In *TIP 3* you saw that there are guidelines to help you work out and remember the gender of nouns in German. Here are a few more pointers that you may find helpful:

Masculine:

Days of the week, months and the four seasons: der Dienstag, der April, der Sommer.
Makes of car: der BMW, der Polo, der Mercedes.
Alcoholic drinks: der Wein, der Schnaps, der Gin (exception: das Bier).

Feminine:

Names of motorbikes and ships: die Honda, die Titanic.
Names of some flowers: die Rose, die Butterblume.

Neuter:

Most metals: das Eisen, das Gold, das Silber.
Names of hotels, restaurants and cinemas: das Ritz, das Abaton.
Infinitives used as nouns: das Tanzen, das Bungeespringen.

EXTRA TIP: Plural of nouns

Like knowing the genders, forming the plural is often seen as quite difficult in German. Here is an overview of the most common forms, which might make it easier for you:

1 Most masculine nouns add an **-e** in the plural and very often an umlaut:

> der Tisch → die Tisch**e**; der Ball → die B**ä**ll**e**

But there are important exceptions, where no umlaut is added, e.g.:

> der Tag → die Tag**e**; der Schuh → die Schuh**e**

2 Most feminine nouns add **-n** or **-en**:

> die Tasche → die Tasche**n**; die Frau → die Frau**en**

There are also a number of common feminine nouns which add an **-e** + umlaut:

> die Hand → die H**ä**nd**e**, die Stadt → die St**ä**dt**e**

3 Neuter nouns often add **-e**, but no umlaut:

> das Bier → die Bier**e**; das Haar → die Haar**e**

Another commonly found ending is **-er** + an umlaut where possible:

> das Kind → die Kind**er**; das Buch → die B**ü**ch**er**

Note: "Imported" nouns Some nouns imported from English and French simply add **-s** in the plural: der Chef → die Chef**s**; das Team→ die Team**s**.

☑ Mehr Übungen

1 Wie heißen die Artikel?

Using the guidelines in *TIP 3* on noun endings and the notes in the grammar section, can you find the right article for each of the following nouns? Group the nouns in the appropriate column of the box.

Woche	Temperatur	Ferrari
Mittwoch	Sommer	Opel
Sonntag	Winter	Gymnasium
Natur	Dezember	Mädchen
Landschaft	Sprache	Märchen
Region	Pension	Tanzen
Passion	Fußballmanschaft	Schwimmen
Rose	Freundschaft	Nationalität
Silber	Schnaps	Identität
Gold	Wein	Intelligenz

der	die	das
Mittwoch	Woche	

2 Give the plural form of these nouns

(a) der Beruf → die **Berufe**

(b) der Kurs → die _____

(c) der Gast → die _____

(d) das Haus → die _____

(e) der Schnaps → die _____

(f) die Kneipe → die _____

(g) die Stadt → die _____

(h) der Zug → die _____

(i) das Restaurant → die _____

(j) das Büro → die _____

3 Stellen Sie Fragen

Philipp Häfner was interviewed for a magazine in Berlin. Here are his answers. Can you figure out what the questions were?

Beispiel: Mein Name ist Philipp Häfner.
              → *Wie ist Ihr Name, bitte? / Wie heißen Sie?*

(a) Nein, ich bin Österreicher, aber ich wohne in Berlin.
(b) Aufgewachsen bin ich in Salzburg.
(c) Ich spreche fließend Englisch, Französisch und Italienisch.
(d) Ich bin DJ in einigen Clubs in Berlin.
(e) Nein, ich bin single.
(f) Nein, ich habe keine Kinder.
(g) Ich gehe gern in Konzerte und fotografiere gern.

4 Und jetzt Sie!

 Herr Brandt is a guest on a TV show. Take on his role.

Lerntip: Pause the recording while you think of your German responses.

Moderator	Herr Brandt, können Sie ein bisschen über sich erzählen?
Sie	*Say yes, of course. Say that your name is Matthias Brandt and that you were born in 1955 in Hanover, but that for 20 years you have lived in Berlin.*
Moderator	Und sind Sie berufstätig?
Sie	*Say yes, you are self-employed. Say that you are an architect.*
Moderator	Und sind Sie verheiratet?
Sie	*Say yes and that you have one daughter, Steffi. Explain that your daughter is a student and studies at the university of Heidelberg.*
Moderator	Und haben Sie ein Hobby?
Sie	*Say that you like going to the cinema and that you like reading. Say that you are also interested in languages.*
Moderator	Leben Sie gern in Berlin?
Sie	*Say yes. Say that the people in Berlin are friendly and Berlin is really interesting.*

Was sagen Sie? This time answer the questions for yourself and change Berlin to your own home town.

Lesetexte

Leute, Leute

Text A

1 Lesen Sie den Text und beantworten Sie die Fragen:

  (a) Wie alt ist Chris?
  (b) Seit wann hat er seinen Führerschein?
  (c) Sitzt er in seiner Freizeit gern am Computer?
  (d) Seit wann hat er ein eigenes Auto?
  (e) Was ist das Problem?

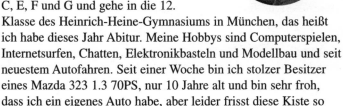

Chris's Page

Über mich:

Ich bin 18 Jahre alt, besitze seit zwei
Monaten die Führerscheingruppen A, B,
C, E, F und G und gehe in die 12.
Klasse des Heinrich-Heine-Gymnasiums in München, das heißt
ich habe dieses Jahr Abitur. Meine Hobbys sind Computerspielen,
Internetsurfen, Chatten, Elektronikbasteln und Modellbau und seit
neuestem Autofahren. Seit einer Woche bin ich stolzer Besitzer
eines Mazda 323 1.3 70PS, nur 10 Jahre alt und bin sehr froh,
dass ich ein eigenes Auto habe, aber leider frisst diese Kiste so
viel Benzin.

der Führerschein (-e)	*driving licence*
das Abitur	*German school-leaving exam, roughly equivalent to A-levels*
der Modellbau	*model building*
die Kiste (-n)	*old banger (car)*
das Benzin	*petrol*

Text B

The second text is more complex than the first one and provides a good opportunity to practise some skim reading.

1 Read through without a dictionary and without spending too much time on the details and find the following information:

(a) Name and age:
(b) Children:
(c) Profession and working hours:
(d) How she spends time with her children:
(e) Other hobbies:

Herzlich willkommen auf meiner Homepage

Hallo zusammen. Schön, dass ihr meine Homepage in den unendlichen Weiten des Webs gefunden habt.

Ich heiße Ulrike und bin 35 Jahre alt. Ich wohne mit meinen Jungs hier im wunderschönen Oberhausen. Ich bin allein erziehende Mutter mit 3 Kindern und einem Kampfdackel. Mein ältester Sohn heißt Florian, ist 9 Jahre alt; der mittlere heißt Kai und ist 6 Jahre alt. Mein jüngster heißt Lukas und ist schon fast 3 Jahre. Von Beruf bin ich Arzthelferin und arbeite momentan 20 Stunden pro Woche.

Mit meinen Kindern bin ich öfters unterwegs, z.B. zum Inline-Skaten, Fahrrad fahren oder wir gehen zusammen schwimmen.
Meine Hobbys sind auch noch Flohmärkte, über die ich leidenschaftlich gerne an meinen „kinderfreien" Wochenenden bummele. Außerdem lese ich auch gern, auch wenn mir meistens dazu die Zeit fehlt. Am PC sitze ich abends recht häufig.

Wer uns jetzt noch sehen möchte, kann ja in unserem virtuellen <u>Fotoalbum</u> blättern. Viel Vergnügen dabei!

Vergesst bitte auch nicht, mir einen Eintrag in meinem <u>Gästebuch</u> zu hinterlassen!!

---

2 Now read the text again and try to find the German words or phrases for the following:

  (a) infinite space
  (b) single mother
  (c) flea markets
  (d) very frequently
  (e) Have fun!

2 | MEIN TAGESABLAUF

Lernziele

In this unit you will learn how to:

■ talk about daily routines, including work and home life
■ express frequency of events
■ use verbs in the present tense
■ arrange word order
■ identify separable and inseparable verbs

Aufnahme 1

Lorenz Müller ist Lehrer an der Friedrich-Schiller-Universität in Jena. Er beschreibt, was er an Wochentagen und am Wochenende macht.
Hören Sie die Aufnahme und beantworten Sie dann die Fragen in Übung 1.

Mein Tagesablauf beginnt morgens gegen halb acht, wenn ich aufstehe und anschließend frühstücke. Zum Frühstück esse ich normalerweise

Brötchen mit Marmelade oder mit Nutella und trinke eine Tasse Kaffee, türkisch.

Meistens gehe ich aber dann erst mittags in die Stadt, in die Universität, weil meine Seminare erst später stattfinden. So habe ich also Zeit, am Vormittag zu Hause am Schreibtisch zu arbeiten, Seminare vorzubereiten, beziehungsweise zu lesen. Zur Arbeit fahre ich meistens mit dem Bus, aber manchmal laufe ich auch in die Stadt – es sind nur zehn Minuten zu Fuß.

Meine Seminare beginnen meistens erst am frühen Nachmittag oder sogar erst am frühen Abend. Mittagspause habe ich zwischen zwölf und zwei. Ich esse dann in der Mensa. Wenn ich keine Seminare habe, komme ich dann am frühen Nachmittag nach Hause, gehe einkaufen oder erledige was sonst an Arbeit in der Wohnung anfällt. Am Abend lese ich ausgiebig die Zeitung, schaue Nachrichten im Fernsehen, manchmal dann noch einen Film. Gewöhnlich lese ich aber etwas, beziehungsweise höre Radio oder eine Schallplatte.

Am Wochenende besuchen wir öfters Freunde, gehen essen, besuchen die Schwiegereltern oder gehen ein wenig spazieren. Aber es muss auch all die Arbeit getan werden, die während der Woche liegen geblieben ist. Es wird gewaschen, sauber gemacht, aufgeräumt.

Hobbys habe ich insofern keine, da glücklicherweise mein Beruf mein Hobby geworden ist. Ich beschäftige mich ausgiebig mit der Literatur und schreibe auch selbst.

Übung 1

Richtig oder falsch?

Korrigieren Sie die falschen Aussagen.

(a) Lorenz Müller steht normalerweise um 8.30 Uhr auf.
(b) Am Vormittag arbeitet er meistens zu Hause.
(c) Bis zur Universität ist es weit.
(d) Normalerweise isst er zu Hause.
(e) Seine Seminare gibt er meistens am Nachmittag.
(f) Abends geht er oft in die Kneipe.

stattfinden (sep.)	*to take place*
beziehungsweise	*alternatively*
die Mensa	*refectory, university dining hall*
erledigen	*to deal with, attend to*
anfallen (sep.)	*to come up (of work)*
ausgiebig	*thoroughly*
die Schwiegereltern	*parents-in-law*
sich beschäftigen mit	*to concern oneself with*

Note the special use of the passive here: (more on the passive in Lektion 9.)

es wird gewaschen	*washing is done;* (here) *we do the washing*
es wird sauber gemacht	*cleaning is done;* (here) *we do the cleaning*
es wird aufgeräumt	*clearing up is done;* (here) *we do the clearing up*

✔ Übung 2

Wie heißt das auf Deutsch?

Finden Sie im Text die deutschen Wörter für

(a) to get up
(b) to have breakfast
(c) to go shopping
(d) to start
(e) to visit

TIP 1: When talking about daily routine, it is important to be able to say how often you do things. Here are some useful words:

meistens (*mostly*), normalerweise (*normally*), öfters (*often*), gewöhnlich (*usually*), manchmal (*sometimes*), gelegentlich (*occasionally*), selten (*seldom, rarely*), nie (*never*)

Which of these words does Lorenz Müller use? Read the text again and underline them.

Words used to relate a sequence of events:

zuerst *(at) first*	Zuerst haben wir etwas gegessen.
dann *then*	Dann haben wir uns unterhalten.

danach *after that, then*	Danach haben wir Zeitung gelesen.
als Nächstes *next*	Als Nächstes haben wir Kaffee getrunken.
anschließend *afterwards*	Wir sind dann anschließend ins Theater gegangen.
später *later*	Später haben wir noch einen alten Freund besucht.
zum Schluss *finally*	Zum Schluss habe ich ihn wieder in sein Hotel gebracht.

TIP 2: Word order

You might remember that in German the verb usually comes in second place in the sentence. If you start the sentence with a phrase other than the subject, the subject has to go after the verb. This is called subject-verb inversion:

1	2	3	
	VERB	SUBJECT	
Zum Frühstück	trinkt	Lorenz	eine Tasse Kaffee.
Am Wochenende	besuchen	sie	öfters Freunde.

Übung 3

Start these sentences with the italicized phrase and make any other changes to the sentence that are necessary. e.g

Beispiel: Ich stehe *um 7.30 Uhr* auf.
          Um 7.30 Uhr stehe ich auf.

(a) Morgens gegen halb acht beginnt *mein Tagesablauf.*
(b) Ich trinke Orangensaft *zum Frühstück* und esse ein Croissant mit Marmelade.
(c) Ich gehe *normalerweise* gegen acht Uhr aus dem Haus.
(d) Wir arbeiten *meistens bis* 18.00 Uhr.
(e) Wir besuchen *am Wochenende* öfters Freunde oder gehen essen.
(f) Mein Freund and ich fahren am Wochenende *zum Windsurfen* an den Starnberger See.

✔ Übung 4

Was macht Herr Müller normalerweise?

Re-tell Lorenz Müller's daily routine by using the prompts as a guide. But be careful – first you have to put them in the right order.

( ) frühstückt
( ) liest und hört Musik
( ) steht normalerweise gegen halb acht auf
( ) gibt Seminare an der Universität
( ) geht oder fährt nach Hause
( ) arbeitet zu Hause
( ) isst in der Mensa

Beispiel: *Gegen halb acht steht Herr Müller normalerweise auf. Dann …*

🖭 Aufnahme 2

Was macht Frau Wolfram?

Corinna Wolfram ist 22 Jahre alt und arbeitet als Kellnerin in München. Sie ist vor zwei Jahren von Würzburg nach München gezogen. Hören Sie, was sie erzählt, und unterstreichen Sie die richtige Antwort.

You don't have to understand all the details of the conversation. Just try to get the main information and underline the correct answer. There is some vocabulary to help you after these questions:

Übung 5

Welche Antwort stimmt?

(a) Ihre Gaststätte öffnet bis um Mitternacht/bis nach Mitternacht.

(b) Sie kommt oft vor eins/um eins/gegen eins, halb zwei nach Hause.

(c) Dann liest sie/hört sie Musik/geht sie ins Bett.

(d) Sie steht um neun/um neun, halb zehn/um halb zehn Uhr auf.

(e) Zum Frühstück trinkt sie Orangen- oder Grapefruitsaft/Tomatensaft.

(f) Ihre Arbeit fängt um vier Uhr nachmittags/um vier Uhr morgens an.

(g) Zweimal in der Woche hat sie Spanischstunden/Englischstunden.

(h) Ihre Eltern sieht sie dreimal/viermal/fünfmal im Jahr.

Es kommt darauf an, ob...	*It depends whether …*
jmdm. zur Verfügung stehen	*to be at someone's disposal*
Ich stelle mich unter die Dusche.	*I take a shower.*
die Scheibe (-n)	*slice*
in Anspruch nehmen	*to take up, make demands on*
auffrischen (sep.)	*tp freshen up, polish up*
der Starnberger See	*a large lake about 20 km from Munich*
höchstens	*at the most*
zu Weihnachten	*at Christmas*
bei Geburtstagen	*on birthdays*

Übung 6

Welche Antwort passt?

1 Corinna, seit wann wohnst du in München?

   (a) Ich bin jetzt 22 Jahre alt.

   (b) Ich bin vor zwei Jahren hierher gezogen.

   (c) Höchstens viermal im Jahr.

2 Was machst du, wenn du nach der Spätschicht nach Hause kommst?

   (a) Es kommt darauf an, ob ich Frühschicht oder Spätschicht mache.

   (b) Bis 4 Uhr nachmittags kann ich machen, was ich will.

   (c) Ich stelle mich unter die Dusche und gehe sofort ins Bett.

3 Warum machst du Englischstunden?

   (a) Weil wir in der Gaststätte so viele Ausländer haben.

   (b) Weil ich so gut Englisch spreche.

   (c) Weil das nicht allzu viel Zeit in Anspruch nimmt.

4 Treibst du Sport?

   (a) Ja, einmal in der Woche bringe ich meine Wäsche zum Waschsalon.

   (b) Sonst gehe ich mit meinem Freund ins Kino.

   (c) Ja, ich gehe ziemlich oft windsurfen.

5 Gehst du oft deine Eltern besuchen?

   (a) Ja, jedes Jahr im Sommer fahre ich hin.

   (b) Leider nur viermal im Jahr.

   (c) Nein, sie wohnen in der nächsten Straße.

Übung 7

Sagen Sie's auf Deutsch! (Spot the phrase!)

Which phrases in the recording with Corinna were used to express the following? To check, you can find them in the previous exercise or at the back the book.

(a) It (all) depends …	(e) now and again
(b) around one (o'clock)	(f) four times a year at most
(c) I'll take a quick shower.	(g) at Christmas
(d) a slice of toast	(h) on birthdays

TIP 3: Separable verbs

In this unit you came across a number of verbs like **aufstehen** or **fernsehen**, so-called separable verbs:

auffrischen	*to freshen up, to polish up*
aufräumen	*to clear up*
fernsehen	*to watch television*
stattfinden	*to take place*
vorbereiten	*to prepare*

Remember that the first part of these verbs (**auf-**, **vor-**, etc) often has to separate from the verb stem (**-frischen**, **-bereiten**, etc): Heute **räume** ich mein Zimmer **auf**.

Note that with modal verbs, such as **können**, **müssen**, etc. the separable verb does not split up: Ich **muss** mein Zimmer **aufräumen**.

Übung 8

Trennbare Verben

Form commonly used separable verbs by addding a prefix from the left circle to a main verb from the right circle. For some verbs there is more than one possibility. Make sure you understand the meaning of the verbs.

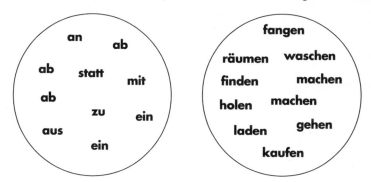

Beispiel: **anfangen** = *to start* (also: **einfangen** = *to catch*)

Übung 9

Welche Verben passen?

Fill in the gaps in these sentences using separable verbs from *TIP 3* and Übung 8:

(a) Herrn Müllers Seminare _____ erst am Nachmittag _____.

(b) Am Vormittag _____ er sich auf den Unterricht _____.

(c) Die Geschirrspülmaschine ist kaputt. Herr und Frau Müller _____ selber _____.

(d) Nach dem Essen _____ Frau Wolfram das Geschirr _____.

(e) Das Konzert _____ am Samstag in der Konzerthalle _____.

(f) Viele Kinder _____ mehr als drei Stunden pro Tag _____.

(g) Er _____ sehr gern Gäste zu sich nach Hause _____.

(h) Ich muss mein Deutsch _____.

Aufnahme 3

Frau Beitz, 78, ist Rentnerin und Witwe. Sie erzählt über ihren Alltag.

(a) Hören Sie die Audioaufnahme und entscheiden Sie, ob die folgenden Aussagen richtig oder falsch sind.

Übung 10

	✓	✗
Sie steht um 7.00 Uhr auf.		
Zum Frühstück isst sie Croissants.		
Nach dem Frühstück liest sie Zeitung.		
Sie besucht gerne eine ihrer Freundinnen.		
Meistens isst sie in einem Restaurant zu Mittag.		
Ihr Hobby ist Stricken.		
Sie sieht nicht gern Unterhaltungssendungen.		
Sie geht gegen 22.00 Uhr ins Bett.		

(b) Lesen Sie dann den Dialog und überprüfen Sie Ihre Antworten.

Paul Frau Beitz, Sie sind Rentnerin und wohnen hier allein. Wird Ihnen nicht manchmal langweilig?

Frau Beitz Aber nein! Mir wird nie langweilig. Es gibt ja allerhand zu tun. Meistens stehe ich schon um 7 Uhr auf. Ich hole dann ein paar Brötchen von der Bäckerei und koche Kaffee. Ich frühstücke ganz gemächlich – im Sommer sitze ich in der Morgensonne auf meinem Balkon. Anschließend lese ich die Zeitung. Ich interessiere mich nämlich sehr für Politik.

Paul Sehen Sie auch fern?

Frau Beitz Ja, aber erst abends und dann nur selten. Während des Tages gehe ich lieber eine von meinen Freundinnen besuchen, oder wir gehen zusammen im Stadtpark

	spazieren. Gelegentlich esse ich in einem Restaurant zu Mittag.
Paul	Haben Sie Familie?
Frau Beitz	Ja, mein Sohn Helmut kommt mich fast immer am Wochenende besuchen. Er wohnt mit seiner Frau in Hamburg, also gar nicht weit weg. Wir machen dann samstags oder sonntags schöne Ausflüge in die Umgebung – mal die Ostseeküste entlang nach Wismar oder Rostock, mal in nördlicher Richtung nach Kiel oder Flensburg.
Paul	Haben Sie irgendwelche Hobbys?
Frau Beitz	Ich stricke gern. Ich bin gerade dabei, einen Pullover für meine Urenkelin zu stricken. Sie ist erst 3 Jahre alt und wohnt in Osnabrück. Im März war ich eine Woche dort bei meiner Enkelin und ihrem Mann zu Besuch.
Paul	Und was für Fernsehprogramme schauen Sie sich gerne an?
Frau Beitz	Vor allem Nachrichtensendungen, Podiumsdiskussionen und Dokumentarfilme. An Ratesendungen und Unterhaltungsserien habe ich gar kein Interesse.
Paul	Und wann gehen Sie ins Bett?
Frau Beitz	Normalerweise erst gegen Mitternacht. In meinem Alter braucht man ja nicht mehr so viel Schlaf!

Wird Ihnen nicht langweilig?	*Don't you get bored?*
gemächlich	*leisurely*
der Ausflug (-¨e)	*excursion, trip*
die Umgebung (-en)	*surrounding area*
stricken	*to knit*
ich bin gerade dabei, ...	*I'm just (in the process of) ...*
sich etwas anschauen (sep.)	*to watch something (eg on TV)*
die Nachrichtensendung (-en)	*news (broadcast)*
die Podiumsdiskussion (-en)	*panel discussion*
der Dokumentarfilm (-e)	*documentary (film)*
die Ratesendung (-en)	*panel game*
die Unterhaltungsserie (-n)	*light entertainment programme*

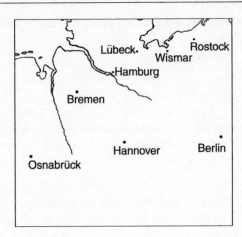

✔ Übung 11

Complete the sentences

Study the dialogue once more and then complete these phrases with the missing information.

(a) Wird Ihnen nicht manchmal …?
(b) Meistens stehe ich schon …
(c) Im Sommer sitze ich in der Morgensonne …
(d) Ich interessiere mich sehr …
(e) Gelegentlich esse ich in einem Restaurant …
(f) Wir machen samstags oder sonntags Ausflüge …
(g) Ich bin gerade dabei, einen Pullover für meine Urenkelin …
(h) Für Ratesendungen und Unterhaltungsserien habe ich …

⚙ Grammatik

1 Verb endings in the present

Remember that the form of a verb you find in a dictionary is called the **infinitive** (hören – *to hear*, wandern – *to hike*). By cutting off the **-en** or **-n** of the infinitive form you get what is called the **stem**.

Here is a short summary of the verb endings for regular verbs in the present:

ich spiel**e**	wir spiel**en**
du spiel**st**	ihr spiel**t**
Sie spiel**en**	Sie spiel**en**
er/sie/es spiel**t**	sie spiel**en**

Note that there are a number of verbs whose stem ends in **-d** or **-t**. These need an extra **-e-** for the 2nd person singular and plural and the third person singular:

arbeiten   ich arbeite   du arbeitest   er/sie/es arbeitet   ihr arbeitet

There are also a number of verbs which require a vowel change for the 2nd and 3rd person singular.

TIP: Often verbs whose stem vowel is **e** change to **i** or **ie** and verbs with an **a** or **au** need an umlaut:

essen	ich esse	du **i**sst	er/sie/es **i**sst
lesen	ich lese	du **lie**st	er/sie/es **lie**st
fahren	ich fahre	du f**ä**hrst	er/sie/es f**ä**hrt
laufen	ich laufe	du l**äu**fst	er/sie/es l**äu**ft

---

2 Separable and inseparable verbs

How to spot separable and inseparable verbs.

(a) The following prefixes are always **inseparable**:
be-, ge-, ent-, emp-, er-, ver-, zer-, wider-.

Note that the main stress of **inseparable verbs** falls on the stem of the verb: be**sú**chen, emp**féh**len, ver**sté**hen.

(b) The following prefixes can be separable or inseparable:
durch-, hinter-, über-, um-, unter-, unter-, voll-, wider-, wieder.

Verbs with these prefixes tend to be **separable** when the meaning is more concrete, and **inseparable** when they carry a more abstract meaning:

e.g. **über**setzen *to ferry over*
  (separable)

über**setz**en *to translate*
  (inseparable)

Er setzte das Boot an das andere Ufer über.	*He ferried the boat over to the other bank.*
Sie übersetzte den Text ins Deutsche.	*She translated the text into German.*

Note also the different stress on separable and inseparable verbs.

(c) Nearly all other prefixes are separable: an-, auf-, ein-, etc.

For separable verbs the main stress falls on the prefix: **aúf**stehen, **eín**kaufen, **aús**gehen, **úm**steigen, **státt**finden.

3 Word order

Although German word order is relatively flexible, there are some basic rules.

Earlier in this unit you were reminded of **subject-verb inversion** when the sentence starts with a phrase other than the subject, so that the verb is the second idea:

Abends sehe ich meistens fern.
   1   2   3

Another rule-of-thumb is TIME – MANNER – PLACE:

	TIME	MANNER	PLACE
Ich fahre	morgen	mit dem Wagen	nach Berlin.
Ich bringe dich	nach der Party	so schnell wie möglich	nach Hause.

Of course, not all these elements have to be present at once:

Ich fahre	morgen		nach Berlin.
Ich bringe dich		so schnell wie möglich	nach Hause.

Sometimes all three elements *are* present, but one of them comes in first position, so subject-verb inversion becomes necessary:

Morgen fahre ich	mit dem Wagen	nach Berlin.
Nach der Party bringe ich dich	so schnell wie möglich	nach Hause.

☑ Mehr Übungen

1 Welches Verb passt am besten?

> laufen   auffrischen   stellen   machen   ~~frühstücken~~
> aufräumen   abwaschen   treiben   stricken   kochen
> geben   (sich) anschauen

(a) Kaffee und Brötchen: *frühstücken*; (b) sich unter die Dusche: _____;
(c) das Geschirr: _____; (d) zum Bus: _____; (e) Sport _____; (f) ein
Seminar: _____; (g) das Zimmer: _____; (h) einen Pullover: _____;
(i) einen Kaffee: _____; (j) das Fernsehprogramm: _____; (k) einen
Ausflug: _____ ; (l) die Deutschkenntnisse: _____.

2 Put the phrase in brackets into the appropriate position in the main sentence

Beispiel   Frau Peters frühstückt im Café. (fast jeden Morgen)
       Frau Peters frühstückt *fast jeden Morgen* im Café.

(a) Claudia fährt im Winter mit der U-Bahn. (zur Universität)
(b) Kommst du mit ins Kino? (heute Abend)
(c) Theo und Anke gehen in der Mittagspause ins Restaurant. (zu Fuß)
(d) Manfred fährt nachmittags zu seinem Freund ins Krankenhaus. (mit
    seinem Auto)
(e) Hans Martinek geht oft ins Fitnesscenter. (nach der Arbeit).
(f) Frau Tiedke kauft abends noch schnell ein. (im Supermarkt)
(g) Die Fuhrmanns wollen nächstes Wochenende eine Radtour machen.
    (an die Ostsee)

3 Marianne redet mit ihrer Freundin über ihren Tagesablauf

Setzen Sie die Sätze in die richtige Reihenfolge.

(a) Ja, ich esse meistens in einem Restaurant eine warme Mahlzeit.
(b) Es kommt darauf an, ob ich arbeite oder ob ich frei habe.
(c) Und was machst du abends nach der Arbeit?

(d) Doch. Ich gehe gern windsurfen. Aber das mache ich am Wochenende oder in den Ferien.

(e) Meistens erledige ich, was an Arbeit in der Wohnung anfällt. Manchmal schaue ich auch fern oder stricke.

(f) Wie sieht eigentlich dein Tagesablauf aus?

(g) Wenn ich arbeite, stehe ich um 7 Uhr auf, wasche mich, frühstücke und fahre mit dem Bus ins Büro.

(h) Wie ist es, wenn du arbeitest?

(i) Hast du sonst keine Hobbys?

(j) Isst du in der Stadt zu Mittag?

4 Und jetzt Sie!

Übernehmen Sie die folgende Rolle und sprechen Sie mit Hilfe der englischen Hinweise über Ihren Tagesablauf. Benutzen Sie die Vokabeln, die in dieser Lektion vorgekommen sind. Die Antworten hören Sie auf der Audio-Aufnahme.

Take on the following role and, with the help of the English prompts, talk about your daily routine. Use the vocabulary that you have met in this unit. The answers can be heard on the recording.

Lerntip: Pause the recording while you think of your German response.

Bekannte Wann stehst du eigentlich morgens auf?

Sie *Tell her that during the week you usually get up at around seven, at weekends mostly at around half past nine.*

Bekannte Was frühstückst du normalerweise?

Sie *Say that you normally get rolls from the bakery. Say that you then make coffee and eat rolls with jam and butter, and drink a glass of juice. Say that you also usually read the paper.*

Bekannte Und wie fährst du zur Arbeit?

Sie *Say that you mostly go by car, and only seldom by bus.*

Bekannte Hast du denn auch eine Mittagspause?

Sie *Tell her that you usually have a lunch break between 12.30 and 13.15. Say that you mostly eat in your company and only occasionally have lunch in a restaurant.*

Bekannte Und was machst du am Abend, nach der Arbeit?

Sie	*Tell her that you usually watch the news on TV, read a book or listen to the radio.*
Bekannte	Und was machst du gerne am Wochenende?
Sie	*Answer that you sometimes visit friends or your parents, go for a walk occasionally, or do the work that has been left during the week. Say that on Sundays you sometimes make day trips in the surrounding area.*

5 Und was machen Sie selber?

Go through the questions again and this time answer for yourself.

Lesetext

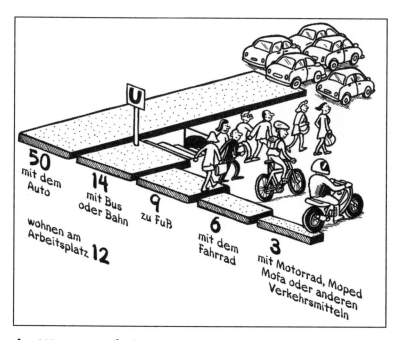

der Weg zur Arbeit

Die meisten nehmen das Auto

Rund 12 Prozent der Deutschen können den Arbeitstag stressfrei beginnen, da sie direkt an ihrem Arbeitsplatz wohnen. Das bedeutet, dass sie nach dem Frühstück schon im Büro, im Laden oder in der Werkstatt stehen.

Das sind aber die Ausnahmen. Die anderen müssen sich dagegen jeden Morgen auf den Weg zur Arbeit machen. Die meisten – 56 Prozent – fahren mit dem Auto. Einige finden es bequemer mit dem Auto, andere wohnen so weit außerhalb, dass es für sie keine andere Möglichkeit gibt, als den eigenen Wagen zu benutzen. Mit öffentlichen Verkehrsmitteln – Bahn oder Bus – kommt jeder/jede Siebte – 14 Prozent – zur Arbeit.

Nur 9 Prozent gehen zu Fuß zur Arbeit und noch weniger (nur 6 Prozent) fahren mit dem Fahrrad. Diese Leute haben aber das schöne Gefühl, dass sie etwas für die Umwelt tun.

der Laden (-¨)	shop
die Werkstatt (¨-en)	workshop
die Ausnahme (-n)	exception
außerhalb	here: out of town
die öffentlichen Verkehrsmittel (Pl.)	public transport
das Gefühl (-e)	feeling
die Umwelt	environment

Did you follow?

(a) What does the figure of 12% represent?

(b) How do most Germans get to work and why do they choose this method?

(c) How does one in every seven Germans travel to work?

(d) What sort of feeling do people get who walk to work or go by bicycle?

3 | AUSBILDUNG ODER STUDIUM?

Aufnahme 1

Lehre oder Studium?

In der folgenden Höraufnahme spricht Birgit mit ihrem Onkel über ihre
Arbeit in Deutschland und warum sie nicht studieren wollte.
Hören Sie den Dialog und beantworten Sie die Fragen in **Übung 1**.

Hier sind einige nützliche Vokabeln:

die Banklehre	*banking apprenticeship*
die Zweigstelle (-n)	*branch*
der Akademiker (-)	*graduate*
das Abitur	*school leaving examination, often compared to A-levels in England and Wales*
das Hochschulstudium	*study at an institution of higher education*

Heinz Deine Mutter hat mir gesagt, dass du bei der Deutschen Bank eine
Lehre machst. Hast du denn nicht studieren wollen?

Birgit Eigentlich doch. Aber ich musste auch einsehen, dass gerade hier
in Deutschland für Akademiker Schwierigkeiten bestehen, Arbeit

zu finden. Und ich wollte auf keinen Fall arbeitslos werden. Ich habe mich deshalb um eine Banklehre beworben.

Heinz Kennst du denn Leute, die studiert haben und nachher keine Stellung gefunden haben?

Birgit Oh, ja! Sehr viele sogar. Bei uns gibt es zu viele Studenten. Es hat ja jeder, der Abitur gemacht hat, das Recht auf ein Hochschulstudium, und die Universitäten sind deswegen überfüllt. In Berlin studieren zum Beispiel etwa 146 000 Menschen. In ganz Deutschland sind es ungefähr 1,8 Millionen. Die Wirtschaft kann so viele akademisch qualifizierte Leute einfach nicht aufnehmen.

Heinz Als ich aber vor drei Jahren hier war, hast du dich – wenn ich mich recht erinnere – für die englische Sprache besonders interessiert. Hast du das denn aufgeben müssen?

Birgit Aber gar nicht! Jeden Tag mache ich von meinen Englischkenntnissen Gebrauch. Und im Augenblick lerne ich intensiv Italienisch, da ich im Oktober für ein ganzes Jahr zu unserer Zweigstelle in Florenz geschickt werde.

Heinz Und du bedauerst es wirklich nicht, dass du nicht studiert hast?

Birgit Doch, ein bisschen! Aber ich bin ehrlich gesagt mit meinem Beruf sehr zufrieden.

Übung 1

(a) Bei welcher Bank macht Birgit eine Lehre?
(b) Was ist auch für Akademiker schwierig?
(c) Wie viele Menschen studieren in Deutschland?
(d) Welche Sprache spricht sie schon sehr gut?
(e) Wohin geht Birgit im Oktober für ein Jahr?

einsehen (sep.)	*to recognize, acknowledge*
bestehen	*to exist*
überfüllt	*overcrowded*
sich bewerben um	*to apply for*
sogar	*even*
aufnehmen (sep.)	*to accept, absorb*
Gebrauch machen von	*to make use of*

Deutsche Bank

Übung 2

Wie heißt das im Text?

Finden Sie für die Wörter in *kursiv* die Ausdrücke im Text mit den gleichen Bedeutungen.

Beispiel: ich musste *verstehen* – ich musste *einsehen*

(a) es *gibt* Schwierigkeiten –
(b) eine *Arbeit* bekommen –
(c) die Universitäten sind *zu voll* –
(d) die Wirtschaft kann so viele Leute nicht *beschäftigen* –
(e) ich *nutze* meine Englischkenntnisse –

Übung 3

Richtig oder falsch?

Lesen Sie den Dialog noch einmal und korrigieren Sie die falschen Aussagen.

(a) Für Akademiker in Deutschland gibt es keine Probleme, eine Arbeit zu finden.
(b) Birgit kennt nur wenige Leute, die studiert haben und jetzt arbeitslos sind.
(c) Ein Problem ist, dass die deutschen Universitäten zu voll sind.
(d) Die deutsche Wirtschaft kann so viele Akademiker nicht beschäftigen.
(e) Birgit hat in ihrem Beruf leider keine Möglichkeit, ihre Englischkenntnisse zu nutzen.

> ### *TIP 1*: **Talking about the past in German**
> If you want to talk about the past in German, for instance about your education, remember to use the perfect tense, which is generally used in spoken German.

However, there are a number of exceptions. If you look back to dialogue 1, you'll find a couple of examples:

> Aber ich *musste* auch einsehen, dass ...
> Und ich *wollte* auf keinen Fall arbeitslos werden.

These are modal verbs, which are more frequently used in the simple past tense.

Other exceptions include verbs like **sein, haben** and **geben**:

> Ich *war* letzte Woche krank.
> Ich *hatte* eine Erkältung.
> Es *gab* nichts zu essen.

Note that these rules are not rigidly adhered to. There is, for instance, an example of the perfect tense being used for a modal verb in **Aufnahme 1**. *Can you find it?*

☑ Übung 4

Wie heißen die Partizipien?

Do you remember how the so-called past participles (the verb form used in the perfect tense) go? If you would like to refresh your memory, go to the grammar section at the end of this unit.

(a) arbeiten → *gearbeitet*   (f) gehen → _____
(b) studieren → _____   (g) werden → _____
(c) bewerben → _____   (h) fahren → _____
(d) passieren → _____   (i) besuchen → _____
(e) verbringen → _____   (j) verkaufen → _____

Which of these verbs take **sein**?

Übung 5

Was hat Martin gemacht?

How would Martin Klostermann talk about his education and training? Put the following sentences in the appropriate tense, keeping in mind the points made in *TIP 1*.

Beispiel: Ich/ in Karlsruhe/ aufwachsen.
            Ich bin in Karlsruhe aufgewachsen.

(a) Dort/ ich/ auch die Schule/ besuchen.
(b) Mit 19 Jahren/ ich/ das Abitur/ bestehen.
(c) Danach/ ich/ eine Lehre/ anfangen.
(d) Ich/ mich/ bei der Dresdner Bank/ bewerben.
(e) Es/ geben/ viele Bewerber,/ aber/ ich /haben/ Glück.
(f) Ich/ dürfen/ auch 3 Monate/ in einer Zweigstelle in New York/ arbeiten.
(g) Dort/ ich/ sehr viel/ lernen/ und /können/ auch mein Englisch/ verbessern.
(h) Vor einem halben Jahr/ ich/ meine Banklehre/ abschließen.

TIP 2: Writing about the past

Just as the perfect tense is mostly used to for talking about the past, so the Präteritum or 'simple past' is the tense mostly used in the written language. You will find this tense in newspaper articles, novels or, of course, in fairy tales, which usually start with the sentence **Es war einmal** ...

If you want to remind yourself of how to form the simple past, have a look at the grammar section.

Übung 6

This time imagine that Martin Klostermann wants to write about his experiences. Put the sentences from **Übung 5** in the past simple.

Beispiel: Ich/ in Karlsruhe/ aufwachsen.
            Ich wuchs in Karlsruhe auf.

Lesetext

Lesen Sie den Text und machen Sie dann **Übung 7**.

Das deutsche Bildungs- und Ausbildungssystem

In Deutschland, wie in anderen Ländern, gehen viele Kinder in ihren ersten Jahren in einen **Kindergarten**. Das ist aber natürlich nicht obligatorisch. Erst mit 6 Jahren *muss* man zur Schule gehen. Diese erste Schule, die man 4 Jahre lang besucht, heißt die **Grundschule**. Nach der Grundschule gibt es die sogenannte **Orientierungsstufe**, die 2 Jahre dauert. Danach entscheidet sich, in welchen Schultyp ein Kind geht.

In der Regel gibt es nach der Grundschule ein dreigliedriges System – die **Hauptschule**, die **Realschule** und das **Gymnasium**. Die Hauptschule führt mit 15 oder 16 Jahren zum **Hauptschulabschluss** und ist beruflich orientiert. Die Realschule führt mit 16 Jahren zur **mittleren Reife** und ist oft der Beginn einer mittleren Karriere in der Wirtschaft oder im öffentlichen Dienst. Das Gymnasium bietet eine akademische Bildung und führt mit 19 Jahren zum Abitur, das man traditionellerweise braucht, wenn man studieren möchte.

In einigen Fällen findet man alle drei Bildungsmöglichkeiten unter einem Dach in der sogenannten **Gesamtschule**.

Mit dem Abitur hat man das Recht, an einer **Universität** oder **Hochschule** zu studieren (obwohl es heutzutage für viele Fächer Quoten gibt). Man muss mindestens 4 bis 5 Jahre lang studieren, bevor man z.B. das **Staatsexamen** ablegt. Die tatsächliche Durchschnittsstudiendauer ist aber viel länger - ungefähr 7 Jahre. Das Studienjahr hat zwei **Semester** – das Wintersemester und das Sommersemester.

In Deutschland muss man 12 Jahre lang, also bis zum 18. Lebensjahr, zur Schule gehen. Nach 9 Jahren (in manchen Ländern 10 Jahren) darf man die Vollzeitschule verlassen. Man beginnt dann meistens eine Lehre im Handwerk oder in der Industrie, die dann zu einem bestimmten Beruf, wie z.B. Kraftfahrzeugmechaniker/in, Schreiner/in oder Industriekaufmann/-kauffrau führt. Neben der Lehre ist man auch verpflichtet, die **Berufsschule** zu besuchen.

Da die Bildung in Deutschland Sache der verschiedenen Bundesländer ist, gibt es unterschiedliche Bildungssysteme.

FRIEDRICH-SCHILLER-UNIVERSITÄT JENA

Semestertermine

	Sommersemester	Wintersemester
Semesterdauer	01. April – 30. September	01. Oktober – 31. März
Vorlesungszeit	12. April – 17. Juli	11. Oktober – 05. Februar

Übung 7

das Semester (-)	*term, semester*
das Staatsexamen (-)	*state examination (a degree that is also a teaching qualification)*
ablegen (sep.)	*to sit, take (an exam)*
der Abschluss (-¨e)	*leaving examination*
der/die Schreiner (-) /**in** (-nen)	*carpenter*

Welches Wort passt zu welcher Definition?

(a) dorthin müssen alle Kinder gehen: _____
(b) liegt zwischen der Grundschule und den anderen Schultypen: _____

Orientierungsstufe	**Staatsexamen**	**Hauptschule**	**Realschule**
Gymnasium	**das Abitur**	**Berufsschule**	**Grundschule**

(c) führt oft zu einer Lehre im Handwerk oder in der Industrie: _____
(d) der Abschluss dort heißt mittlere Reife: _____
(e) dort macht man das Abitur: _____
(f) muss man besuchen, wenn man eine Lehre macht: _____
(g) braucht man, wenn man studieren möchte: _____
(h) ein Abschluss, den man an der Universität macht: _____

TIP 1: And the future?

Now that you have revised the past tenses in this unit, it is time to look at ways of talking about the future in German, e.g. career plans.

The future tense in German is formed by using **werden** together with an infinitive:

> **Wirst** du im Sommer nach England **fahren?**
> *Will you go to England in the summer?*

However, it is also quite common to use the present tense with future meaning:

> **Fährst** du im Sommer nach England?
> *Are you going to England in the summer?*
> Ich **bin** bald fertig.
> *I'll be ready soon.*

Note that the German **will** means *want to, plan to*:

> Ich **will** morgen meinen alten Freund Thomas besuchen.
> *I plan to visit my old friend Thomas tomorrow.*

However, since **will** expresses intentions, it often refers to future events.

A further point to note is that **werden** on its own means *to become*:

> Was möchtest du **werden?**
> *What do you want to be (i.e. become)?*

☑ **Übung 8**

Was werden Sie machen?

Beantworten Sie die Fragen, in dem Sie **werden** benutzen. Remember the rules on word order that you learned in Unit 2.

Beispiel: Wann macht Andrea ihr Examen? (im Juni)
            Sie wird im Juni ihr Examen machen.

(a) Wann kommt Peter in die Schule? (nächsten Sommer)
(b) Um wie viel Uhr fängt das Seminar an? (um 16.00 Uhr)
(c) Wer hält die Vorlesung? (Frau Dr. Martini)
(d) Bei welcher Firma macht Susanne ihre Lehre? (bei der Telekom)
(e) Wo machen Sie Ihren Sprachkurs? (in Madrid)
(f) Wann fangen Sie Ihren neuen Job an? (in zwei Wochen)

Aufnahme 2

Studium – und was dann?

Sie haben schon in **Aufnahme 1** gehört, dass es auch für Studenten nicht leicht ist, eine Arbeit zu finden.

Im folgenden Dialog diskutieren zwei Studentinnen, was sie nach ihrem Studium machen wollen.

Hören Sie den Dialog und machen Sie dann die nächsten Übungen.

Ilona Ist hier noch frei?

Vera Ja, bitte schön. Ich studiere Anglistik im vierten Semester. Was studierst du?

Ilona Chemie im neunten Semester. Isst du jeden Tag hier in der Mensa zu Mittag?

Vera Nein. Es kommt darauf an, ob ich zu einem Seminar oder zu einer Vorlesung muss. Womöglich arbeite ich zu Hause und esse dann auch da zu Mittag.

Ilona Du hast aber Glück! Wir Chemie-Studenten müssen jeden Tag ins Labor. Versuche durchführen kann man eigentlich nur im Labor. Bald bin ich aber mit dem Studium fertig. Ende nächsten Semesters will ich das Staatsexamen ablegen.

Vera Und was möchtest du dann werden?

Ilona Ich werde mich um eine Stellung beim Umweltministerium bewerben. Die Konkurrenz ist zwar ziemlich stark, aber vielleicht schaffe ich es trotzdem. Und du, was hast du vor?

Vera Ich möchte Gymnasiallehrerin für Englisch werden. Bis ich mit dem Studium fertig bin, wird hoffentlich wieder Nachfrage nach Lehrern bestehen.

Ilona Hast du auch in England studiert?

Vera Ja, ich habe vor zwei Jahren ein Jahr in Canterbury studiert. Es hat ungeheuer viel Spaß gemacht.

die Anglistik	English language and literature
der Versuch (-e)	experiment
durchführen (sep.)	to conduct, carry out
die Stellung (-en)	position
das Umweltministerium	Ministry of the Environment
die Konkurrenz	competition
schaffen	to manage (colloquial)
die Nachfrage	demand
ungeheuer	huge(ly); immense(ly)

Übung 9

Richtig oder falsch?

Korrigieren Sie die falschen Aussagen

(a) Vera studiert Anglistik im ersten Semester.

(b) Chemie-Studenten müssen meistens im Labor arbeiten.

(c) Ilona will erst in drei Jahren das Staatsexamen ablegen.

(d) Sie wird sich beim Finanzministerium bewerben.

(e) Vera möchte Englischlehrerin werden.

(f) Sie hofft, dass die Situation für Lehrer besser sein wird.

Übung 10

Lesen Sie noch einmal **Aufnahme 2**. Wie viele Beispiele für das Futur mit **werden** können Sie finden? Welche sind sie?

DEUTSCHLAND – INFO

There are more than 100 institutions of Higher Education in Germany. Amongst the best known ones are Heidelberg, Jena and Tübingen, where, for example, Johannes Kepler studied. Most universities are state institutions, but because of funding problems there have for several years now been private universities, too, such as the European Business School in Schloss Reichartshausen. Nowadays more than 30% of any given year-group go on to higher education.

Mehr Informationen? http://www.bmbf.de und
http://www.studieren.de

Johannes Kepler, deutscher Astronom, 1571–1630

Übung 11

Sagen Sie's auf Deutsch!

(a) Is this seat free?
(b) I have been studying English literature and linguistics for 1½ years.
(c) Aren't you lucky!
(d) At the end of the next semester I intend to take my final exam.
(e) And what would you like to be?
(f) And what are your plans?
(g) I would like to teach English in a grammar school.
(h) It was great fun.

Grammatik

1 The past tenses in German

Remember that there are two main past tenses in German – the perfect tense (**das Perfekt**) and the simple past (**das Präteritum**).

In German – as in English – there are also verbs which are **regular** (e.g. listen – listened – listened) and verbs which are **irregular** (e.g. sing – sang – sung).

Regular verbs

To form the **perfect tense** use the appropriate form of **haben** or **sein** (see *TIPS* below) together with a past participle. Past participles of regular verbs are formed by putting **ge-** in front of the stem and **-t** at the end.

e.g. hör-en: ich habe **ge**hör**t**   spiel-en: wir haben **ge**spiel**t**

To form the **simple past tense** of regular verbs, take the stem and add the appropriate endings:

e.g. spiel-en: ich spiel**te**   du spiel**test**   Sie spiel**ten**   er/sie/es spiel**te**
             wir spiel**ten**   ihr spiel**tet**   Sie spiel**ten**   sie spiel**ten**

Irregular verbs

The past participles of most irregular verbs have **ge-** at the front and **-en** at the end. The stem also changes in many cases:

e.g. sing-en: wir haben ge**su**ngen   fahr-en: wir sind ge**fah**ren

In the **simple past** the following endings are added to the modified stem. Note that there are no endings for **ich** and **er/sie/es**:

e.g. fahr-en: ich fuhr   du fuhr**st**   Sie fuhr**en**   er/sie/es fuhr
           wir fuhr**en**   ihr fuhr**t**   Sie fuhr**en**   sie fuhr**en**

There are a number of verbs (e.g. **bringen**, **denken**, **wissen**, **kennen**), often referred to as **mixed verbs**, which have a change in the vowel but take the endings of the regular verbs, both in the perfect and in the simple past:

e.g. denken: Ich habe oft an Sie gedacht.
              Er dachte viel an seine Familie.

Note that some verbs need an extra **-e-** between certain consonants, such as **t-(s)t**, **n-(s)t** and **d-(s)t**:

Regular verbs: antworten → antwortete → geantwort**e**t;
regnen → regn**e**te → geregn**e**t

Irregular verbs: finden → du fand**e**st; lesen → du las**e**st

EXTRA – TIP 1: The perfect

A. Haben oder sein?

Although most verbs need **haben** in the perfect, there are quite a few important verbs which form their perfect tense with **sein**. Here are some hints on how to spot them:

1 verbs indicating motion from one place to another: **gehen, fliegen, laufen** etc:

Ich bin ins Kino gegangen.

2 verbs indicating a change of state (**aufwachen, wachsen, werden, sterben**):

Die Bevölkerung von L.A. ist gewachsen.

3 important exceptions: **bleiben** *to stay*, **sein** *to be*

B. Separable verbs

The past participles of separable verbs, whether regular or irregular, have the **-ge-** in between the separable particle and the verb:

abholen → ab-ge-holt   abfahren → ab-ge-fahren

C. No ge-

The past participles of inseparable verbs (**see Unit 2**) do not take a **ge-**: verstehen → verstanden

Verbs ending in **-ieren** also fall into this category:

telefonieren → telefoniert; passieren → passiert

EXTRA – TIP 2: Looking out for patterns

It may help you to try and spot groups of irregular and mixed verbs that follow the same pattern. The main groups are:

1 ei - i - i   schn**ei**den - schn**i**tt - geschn**i**tten / r**ei**ten - r**i**tt - ger**i**tten
2 i - a - u   f**i**nden - f**a**nd - gef**u**nden / tr**i**nken - tr**a**nk -getr**u**nken
3 ei - ie - ie   bl**ei**ben - bl**ie**b - gebl**ie**ben / schr**ei**ben - schr**ie**b -
                     geschr**ie**ben
4 ie - o - o   fl**ie**gen - fl**o**g - gefl**o**gen / z**ie**hen - z**o**g - gez**o**gen
5 e - a - o   st**e**rben - st**a**rb - gest**o**rben / spr**e**chen - spr**a**ch -
                     gespr**o**chen

The future tense

The future tense in German is formed with the present tense of **werden** together with the infinitive of the verb in question:

ich werde spielen	wir werden spielen
du wirst spielen	ihr werdet spielen
Sie werden spielen	Sie werden spielen
er/sie/es wird spielen	sie werden spielen

The future tense has rather limited use in German and the present tense is used more widely in German than it is in English to refer to future time:

Morgen um diese Zeit sind wir   *We'll be in Berlin this time*
  in Berlin.   *tomorrow.*
Wann sagst du mir, ob du kommst?   *When will you tell me whether*
                                         you'll be coming?

It is certainly possible to use the future tense in most instances where future time is being referred to, and this also applies to the example sentences above:

Morgen um diese Zeit werden wir in Berlin sein.
Wann wirst du mir sagen, ob du kommen wirst?

Nevertheless, the present tense is usually preferred so long as the context makes the time reference clear.

The future tense tends to be used for

predictions:

| Heute wird es nicht mehr regnen. | *It won't rain any more today.* |
| Das wirst du bereuen! | *You'll regret that!* |

promises:

| Ich werde dir morgen im Geschäft helfen. | *I'll help you in the shop tomorrow.* |
| Ich werde nicht zu spät kommen. | *I won't be late.* |

firm intentions:

| Ich werde im Sommer in Italien arbeiten. | *I'll work in Italy in the summer.* |
| Ich werde heute Abend mitkommen. | *I'll come along this evening.* |

supposition:

| Du wirst heute wohl nichts essen wollen. | *You'll no doubt not want to eat anything today.* |
| Du wirst wohl müde sein. | *You'll no doubt be tired.* |

probability:

| Er wird wohl heute Abend ankommen. | *He'll probably arrive this evening.* |
| Anna wird wohl krank sein. | *Anna must be ill.* |

Note that the modal particle **wohl** is often used with the future tense to express supposition or probability.

☑ Mehr Übungen

1 Welches Verb passt am besten?

> **studieren**   **bewerben**   ~~**machen**~~   **feiern**   **besuchen**
> **ablegen**   **schreiben**   **treffen**   **diskutieren**   **lesen**
> **durchführen**   **unterrichten**

(a) eine Ausbildung: *machen*; (b) sich bei einer Firma: _____ c) an einer Universität: _____; d) Versuche: _____; e) sich mit Freunden: _____; f) in der Bibliothek: _____; g) ein Seminar: _____; h) vor einer Klasse: _____; i) über ein Thema: _____; j) eine Examensarbeit:_____; k) ein Staatsexamen: _____; l) eine große Party: _____;

Make sure you know how the verbs go in the past tenses. There are also a number of verbs which wouldn't take a **ge-** in the perfect. Which are they?

2 Irregular verbs

Do you know how they go in the perfect and simple past tenses? Check which ones follow one of the patterns mentioned in *EXTRA-TIP 2*.

anrufen – anziehen – beginnen – bitten – bringen – denken – empfehlen – essen – fahren – finden – fliegen – geben – gewinnen – halten – helfen – kennen – laufen – leiden – lesen – nehmen – reißen – rufen – schießen – schlafen – schneiden – schwimmen – sehen – singen – sitzen – sprechen – steigen – sterben – tragen – treiben – trinken – verbieten – verbringen – verlieren – wachsen – wissen

Seven of the verbs take **sein** in the perfect. Do you know which ones?

▦ 3 Hilda und Werner erzählen ihren Freunden von ihren Plänen für die kommenden Wochen.

Setzen Sie die folgenden Sätze in die Gegenwartsform.

Beispiel: Nächste Woche werde ich einen Sommerferienjob suchen.
        Nächste Woche suche ich einen Sommerferienjob.

(a) Morgen werden wir unsere Eltern besuchen.
(b) Am Dienstag werde ich im Garten arbeiten.
(c) Demnächst werden wir das Haus renovieren lassen.
(d) Ich werde bald mit meinem Englischkurs anfangen.

(e) Im Oktober werden wir nach England fahren.
(f) Im September wird Martin in die Schule kommen.
(g) In zwei Wochen werde ich meinen Job als Bedienung anfangen.
(h) Übermorgen werde ich zum Friseur gehen.
(i) Am Wochenende werden wir zum Windsurfen gehen.
(j) Übrigens, das Abendessen wird gleich fertig sein!

4 Und jetzt Sie!

You talk to a friend about your career plans after having done A-Levels. Complete the dialogue with the help of the English prompts.

Freund Was hast du denn jetzt nach dem Abitur vor?

Sie *Tell him that you actually wanted to study, but that you absolutely didn't want to be unemployed, that's why you intend to do an apprenticeship.*

Freund Was für eine Lehre möchtest du denn machen?

Sie *Tell him that you really want to do a carpentry apprenticeship, but that the people who have done **Hauptschulabschluss** or **Mittlere Reife** have better chances at that.*

Freund Warum bewirbst du dich denn nicht um eine Stelle als Industriekaufmann?

Sie *Tell him that you know that more and more people with **Abitur** are applying for these places, but that you would prefer to work creatively rather than do an office job.*

Freund Und was willst du machen, wenn es mit der Schreinerlehre nicht klappt?

Sie *Tell him that then you would like to study biology and become a teacher, and hopefully, there will be a demand for teachers once again when you have done your final exam.*

Lesetext

Studienzeiten / Length of studies

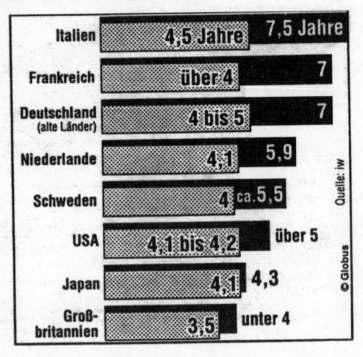

1 Lesen Sie den Text und beantworten Sie die folgenden Fragen:

(a) Wie alt sind deutsche Studenten, wenn sie ihr Studium beenden?

(b) Wie alt sind die britischen Studenten?

(c) Wie viele Jahre studiert man in Großbritannien und Deutschland?

(d) Wo studiert man kürzer: in Japan oder in den USA?

(e) Wie lange studieren die Franzosen?

(f) In welchem Land brauchen Studenten noch länger als in Deutschland?

Studienzeiten: **Schnelle Briten**

Im Vergleich mit den meisten anderen Ländern studieren die Deutschen länger und sind schon fast Omas und Opas, wenn sie die Universität verlassen. Im Schnitt 27,9 Jahre alt sind die Jungakademiker, wenn sie nach über sieben Jahren Uni-Leben endlich den Vorlesungssaal mit dem Büro vertauschen.

Die Briten sind da weitaus schneller. Sie studieren im Durchschnitt nur knapp halb so lange wie ihre deutschen Studienkollegen – weniger als vier Jahre. Den akademischen Abschluss erreicht der Durchschnittsstudent auf der Insel dann noch im 22. Lebensjahr.

Auch die Japaner sind schneller als die Deutschen: Nach etwas mehr als vier Jahren können sie ihre berufliche Laufbahn starten. Etwa ein Jahr länger brauchen die Amerikaner, die mit rund 26 Jahren die Universitäten verlassen. Viele Franzosen verbringen etwa genauso viel Zeit zwischen Bibliothek, Mensa und Seminarraum wie die Deutschen, haben aber wegen der kürzeren Schulzeit schon mit 26 ihr erstes Studium abgeschlossen.

Nur die Italiener brauchen mit rund 7,5 Jahren noch länger als die deutschen Studenten an den Hochschulen. Da sie aber früher mit dem Studium beginnen, sind sie auch eher fertig als die Deutschen – im Schnitt ein dreiviertel Jahr.

der Vergleich (-e)	*comparison*
der Vorlesungsaal (-ᵉe)	*lecture theatre*
vertauschen	*to exchange*
der Durchschnitt	*average*
die Laufbahn (-en)	*career*
die Mensa (-en)	*refectory*

4 | AUS DER ARBEITSWELT

> ## Lernziele
>
> In this unit you will learn how to:
>
> - talk about jobs
> - discuss conditions of work
> - link sentences and clauses with conjunctions
> - use co-ordinating and subordinating conjunctions
> - apply punctuation

Aufnahme 1

Was sind Sie von Beruf?

In der folgenden Höraufnahme unterhalten sich Herr Krause und Frau Kubig auf einem Flug von Stuttgart über ihre Reiseziele und ihre Berufe. Hören Sie den Dialog und beantworten Sie dann die Fragen in Übung 1.

Herr Krause Wohin fliegen Sie? Nach Budapest?

Frau Kubig Nein, nach Wien. Und Sie?

Herr Krause Ich fliege nach Budapest. Ich habe dort geschäftlich zu tun. Machen Sie Urlaub in Wien?

Frau Kubig Nein. Ich gehe zu einem Ingenieur-Kongress. Ich bin nämlich Bauingenieurin.

Herr Krause Was?! Da muss ich aber staunen! Bauingenieur habe ich mir immer als Männerberuf vorgestellt.

Frau Kubig Ach, nein. Wir bilden zwar immer noch nur eine kleine Minderheit, aber Frauen gibt es schon seit mehreren Jahren in diesem Beruf.

Herr Krause	Ja, wenn man so ein bisschen genauer hinschaut, findet man heutzutage Frauen in fast jedem Beruf.
Frau Kubig	Und was sind Sie von Beruf, wenn ich fragen darf?
Herr Krause	Ich bin leitender Angestellter bei einer Firma, die Werkzeugmaschinen herstellt. Ich fliege nach Budapest, um Verhandlungen mit einer ungarischen Firma zu führen.
Frau Kubig	Und wie gefällt Ihnen Ihr Beruf?
Herr Krause	Eigentlich habe ich nur selten genügend Zeit, mir diese Frage zu stellen! Ich bin jetzt seit 7 Jahren bei der Firma Pfauter beschäftigt und bin im Allgemeinen sehr zufrieden. Bloß möchte ich etwas mehr Zeit haben für meine Frau und meine Kinder.
Frau Kubig	Zeitmangel ist ja eines der größten Probleme, wenn man berufstätig ist. Und Geschäftsreisen nehmen natürlich viel Zeit in Anspruch.
Herr Krause	Sicher, aber für mich ist das Reisen einer der attraktivsten Aspekte meiner Arbeit.
Frau Kubig	Für mich auch.

der Bauingenieur (-e)/ **-in** (-nen)	*civil engineer*
der leitende Angestellte (-n)	*executive, manager*
die Werkzeugmaschine (-n)	*machine tool*
Ich habe dort geschäftlich zu tun	*I've got business to do there*
die Minderheit (-en)	*minority*
genau(er) hinschauen	*to take a close(r) look*
staunen über	*to be amazed at*
sich etwas vorstellen	*to imagine something*
herstellen (sep.)	*to produce*
die Verhandlung (-en)	*negotiation*
die Geschäftsreise (-n)	*business trip*
der Zeitmangel	*lack of time*

Übung 1

Beantworten Sie die Fragen:

(a) Was macht Frau Kubig in Wien?

(b) Gibt es viele Bauingenieurinnen?

(c) Wie lange arbeitet Herr Krause bei seiner Firma?

(d) Was stellt die Firma her?

(e) Warum fliegt er nach Budapest?

(f) Was wünscht er sich?

(g) Was macht beiden an ihren Berufen Spaß?

✔ Übung 2

Wie heißt das im Text?

Finden Sie für die Wörter in *kursiv* die Ausdrücke im Text mit den gleichen Bedeutungen.

Beispiel: Machen Sie *Ferien*? – Machen sie *Urlaub*?

(a) eine Minderheit *sein* –

(b) etwas *produzieren* –

(c) bei einer Firma *angestellt* -

(d) *im Großen und Ganzen* -

(e) *glücklich* –

TIP 1: Linking sentences

It is important to know how to link sentences in German. Here are some useful words:

aber *but*	**sondern** *but*
denn *for, since, because*	**und** *and*
oder *or*	

These words, called conjunctions, are usually used to join sentences which could also stand on their own:

Er heißt Peter. Er arbeitet in Bonn. → Er heißt Peter **und** er arbeitet in Bonn

Petra kommt aus Köln. Sie lebt in LA. → Petra kommt aus Köln, **aber** sie lebt in LA.

Note when using these conjunctions the word order doesn't change, i.e. the verb in the second clause remains the second item in the clause.

As you might know, there is also another group of conjunctions in German which send the verb to the end. They include:

dass that

obwohl although

weil because

wenn when, whenever, if

Here are three examples:

Ich denke, dass Wien eine interessante Stadt ist.
Mir macht mein Job Spaß, obwohl ich oft lange arbeiten muss.
Ich lerne Deutsch, weil ich geschäftlich oft nach Berlin fahre.

What about **wenn**? *There are three examples in* **Aufnahme 1**. *Can you find them?*

Übung 3

Bilden Sie lange Sätze

Join the following sentences together by using **und, aber, oder, denn** or **sondern**.

(a) Frau Kubig kommt aus Stuttgart. Sie ist Bauingenieurin.
(b) Sie fährt nach Wien. Sie möchte einen Kongress besuchen.
(c) Herr Krause ist kein Ingenieur. Er ist leitender Angestellter.
(d) Seine Arbeit gefällt ihm. Er lernt viele neue Dinge.
(e) Er reist viel. Geschäftsreisen nehmen viel Zeit in Anspruch.
(f) Trinken Sie noch Kaffee? Brauchen Sie jetzt einen Schnaps?
(g) Machen Sie jetzt die nächste Übung? Möchten Sie eine Pause machen?

Übung 4

Herr Johnson lernt Deutsch. Warum eigentlich?

Schreiben Sie, warum Herr Johnson Deutsch lernt. Benutzen Sie **weil**.

Beispiel: Er braucht es für seinen Beruf.
   Herr Johnson lernt Deutsch, weil er es für seinen Beruf braucht.

(a) Er ist geschäftlich oft in München.
(b) Er muss Verhandlungen auf Deutsch führen.
(c) Er möchte die *Süddeutsche Zeitung* lesen.
(d) Er trinkt gern Weine aus Rheinhessen.
(e) Seine Freundin kommt aus Berlin.

Und Sie? Warum lernen Sie Deutsch? Finden auch Sie sechs Gründe und schreiben Sie sie auf.

📇 Aufnahme 2

Was machst du jetzt für eine Arbeit?

Im folgenden Dialog begegnen sich Gerd und Heiko zum ersten Mal nach ihrer Studienzeit. Hören Sie den Dialog und unterstreichen Sie die richtigen Antworten:

Übung 5

(a) Heiko unterrichtet im Moment Spanisch/Deutsch/Französisch als Fremdsprache.

(b) Seine Arbeit gefällt ihm im Allgemeinen gut/sehr gut/nicht.

(c) Das Einzige, was ihm nicht gefällt, ist die Bezahlung/Arbeitszeit/Arbeitsatmosphäre.

(d) Eigentlich möchte er Hauptschullehrer/Realschullehrer/Gymnasiallehrer werden.

(e) Gerd macht gerade seinen Zivildienst/seinen Militärdienst/eine Ausbildung.

(f) Seine Arbeit ist aufregend/anstrengend/langweilig.

(g) Er möchte als Soziologe/Sozialarbeiter/im Sozialamt arbeiten.

was für ein(e/n)	*what kind of (coll.)*
unterrichten	*to teach, instruct*
die Fremdsprache (-n)	*foreign language*
fleißig	*hard-working*
etwas nötig haben	*to need something*
die Bezahlung (-en)	*pay*
der/die Anwärter/-in (-/-nen)	*candidate (for a job)*
der Zivildienst	*community service*
körperlich/geistig behindert	*physically/mentally handicapped*
der Sozialarbeiter (-)/	*social worker*
die Sozialarbeiterin (-nen)	
der Sozialpädagoge (-n)/	*person with a degree in social education*
die Sozialpädagogin (-nen)	

Übung 6

Welche Antwort passt?

1 Lange nicht gesehen! Wie geht's dir?
   - (a) Ihm geht's nicht so gut
   - (b) Ich unterrichte Deutsch.
   - (c) Gut, danke.

2 Und wie gefällt dir deine Arbeit?
   - (a) Sie macht ihr viel Spaß.
   - (b) Im Allgemeinen sehr gut.
   - (c) Da sie es nötig haben, so schnell wie möglich die deutsche Sprache zu erlernen.

3 Wie kommst du denn zurecht?
   - (a) Aber es ist auch anstrengend.
   - (b) Wenn das so ist, kannst du einen Beruf lernen.
   - (c) Es gefällt mir sehr gut.

4 Und was hast du danach vor?
   - (a) Ich komme mir jedenfalls nützlicher vor.
   - (b) Ich möchte Sozialarbeiter werden.
   - (c) Ich wünsche dir viel Glück dabei.

DEUTSCHLAND – INFO

Employment in Germany

In comparison to Britain the German manufacturing industry has been and remains strong. Other sectors such as health care, education and the caring professions also play an important role.

As in most industrialised societies, there has been a shift away from agriculture and, more recently, away from the traditional idea of a job for life towards a more flexible approach. Many new jobs have developed in the service sector and in areas of new technology, such as computing. However, unemployment remains a serious problem in German, particularly in the "new *Länder*" of eastern Germany.

The Top Ten Jobs in Germany

Clerical and secretarial sector — 4553

Health — 2123

Sales — 1599

Construction — 1492

Business management and consultancy — 1240

Transportation — 1192

Education and training — 1192

Agriculture — 1090

Wholesale and retail — 1050

Social sector — 1011

Where Germans are employed. Numbers in thousands (as per 1996).

 Übung 7

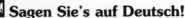

Sagen Sie's auf Deutsch!

(a) Long time – no see!

(b) What kind of work are you doing at the moment?

(c) in general

(d) They need to ...

(e) if that is the case

(f) as you know

(g) How are you getting on?

(h) I really enjoy it.

TIP 2: Job titles in German
Female / Male forms

It is now common in German to give job titles in both the male and the female forms and not simply to subsume females under male job titles. Here are some examples:

Arzt – Ärztin *doctor;* Busfahrer – Busfahrerin *bus driver;* Manager – Managerin *manager / manageress;* Rechtsanwalt – Rechtsanwältin *solicitor.*

As you can see, **-in** is usually added for the female form and some words also require an umlaut.

There are only a few exceptions to this pattern.The most common ones are:

Krankenpfleger – Krankenschwester, Kaufmann – Kauffrau, Friseur – Friseuse.

The words for civil servants and employees don't follow the usual pattern:

Beamter – Beamtin and Angestellter – Angestellte.

When a group of people is being referred to that contains both males and females, it is increasingly common to use the feminine plural, but with a capital 'I', e.g. StudentInnen, KollegInnen.

Wir suchen ab sofort für unseren Spezialtiefbau einen/eine

Diplom-Bau-Ingenieur/in

als Bauleiter/in.

Sollten Sie an einer vielseitigen, interessanten und auch anspruchsvollen Tätigkeit interessiert sein, richten Sie bitte Ihre schriftliche und aussagefähige Bewerbungsunterlagen an nachfolgende Adresse:

PENNING

Spezialtiefbau, Ringstraße, 59260 Frankfurt

Aufnahme 3

Frau Andresen erzählt von ihrem Beruf

Frau Andresen ist Grafikdesignerin und berichtet über ihren Beruf. Hören Sie, was sie sagt, und beantworten Sie die Fragen:

Übung 8

(a) Wie ist ihre normale Arbeitszeit?
(b) Wie ist die Arbeitsatmosphäre?
(c) Was gefällt ihr an ihrem Job?
(d) Was mag sie nicht?
(e) Wie viel verdient sie?
(f) Was möchte sie in ein paar Jahren machen?

Lesen Sie dann den Text und überprüfen Sie Ihre Antworten.

Mein Name ist Claudia Andresen und ich arbeite als Grafikdesignerin bei einer PR-Firma. Ich fange morgens meistens so gegen neun Uhr an und mache dann um halb fünf, fünf Feierabend. Wenn wir wichtige Aufträge haben, dann arbeite ich natürlich auch mal länger, wenn es sein muss auch mal am Wochenende, aber im Allgemeinen ist das eigentlich selten.

Die Arbeitsatmosphäre ist generell sehr gut. Wir sind insgesamt fünf Grafikdesigner und -designerinnen und arbeiten sehr eng in einem Team zusammen. Da wir über viele Dinge ähnlich denken und alle Sinn für Humor haben, verstehen wir uns ganz gut.

Mir gefällt an meinem Job, dass ich sehr kreativ sein kann. Es ist eigentlich nie langweilig oder Routine, da wir immer an neuen Projekten arbeiten. Außerdem mag ich die Arbeit im Team sehr gern, das heißt, dass wir uns austauschen und über Ideen sprechen. Was mir nicht gefällt ist der Termindruck, unter dem wir oft arbeiten müssen. Wenn wir wichtige Deadlines haben – und die haben wir sehr oft – dann ist es schon sehr stressig.

Mit der Bezahlung bin ich sehr zufrieden. Ich verdiene etwa 3000, – Euro brutto im Monat. Bevor ich hier in der Firma angefangen habe, habe ich einige Jahre als Teilzeitkraft gearbeitet, ohne richtiges Urlaubsgeld, Weihnachtsgeld und ohne Kranken- und Rentenversicherung. Als Vollzeitkraft bekommt man das natürlich alles.

Mein Traum für die Zukunft ist es, mich in ein paar Jahren selbstständig zu machen und meine eigene Firma zu gründen. Dann habe ich noch mehr Verantwortung und vielleicht auch mehr Stress – aber das wäre eine gute Herausforderung für mich.

✔ Übung 9

Wie heißt das auf Deutsch?

In the text are lots of useful words for talking about work and working conditions. Can you find German expressions and words for the following:

(a) (pressure of meeting) deadlines (d) full-time worker
(b) salary / pay   (e) holiday pay
(c) part-time worker   (f) extra month's salary (at Christmas)

(g) pension scheme
(h) self-employed

(i) responsibility
(j) challenge

◀ Übung 10

Lesen Sie den Text noch einmal und ergänzen Sie

(a) Claudia Andresen arbeitet in ...
(b) Die Arbeitsatmosphäre ...
(c) Ihre Kollegen haben alle Sinn ...
(d) Ihr Beruf ist nie ...
(e) Mit ihrer Bezahlung ist sie ...
(f) Was ihr nicht gefällt ist, wenn sie unter ...
(g) In der Zukunft möchte sie sich ...
(h) Das ist für sie eine ...

Grammatik

1 Conjunctions

In *TIP 1* you saw that there are two main groups of conjctions, one that does not affect the word order and the other which sends the verb to the end.

Those in the first group are called **co-ordinating conjunctions** and those in the second group are called **subordinating conjunctions**.

If two sentences are joined together with a *subordinating conjunction* (such as **because** or **although**), one clause becomes the *main clause (**Hauptsatz**)* and the other the *subordinate clause (**Nebensatz**)*:

Sentence 1: Er blieb zu Hause. ⎱ Er blieb zu Hause, weil er krank war.
Sentence 2: Er war krank. ⎰ **main clause** | **subordinate clause**

As you saw earlier, subordinating conjunctions have the effect of sending the finite verb to the end of the subordinate clause:

Main clause	*Subordinate clause*
Ich musste um 6 Uhr aufstehen,	**obwohl** ich sehr müde **war**.
Wir werden zu Hause bleiben,	**weil** es stark **regnet**.
Er ist immer allein,	**wenn** ich ihn **sehe**.

It is quite common for the subordinate clause to come before the main clause. When this happens, the main clause verb has to come at the beginning of the main clause:

Subordinate clause	*main clause*
Obwohl ich sehr müde war,	**musste** ich um 6 Uhr aufstehen.
Weil es stark regnet,	**werden** wir zu Hause bleiben.
Wenn ich ihn sehe,	**ist** er immer allein.

Here is a list of more subordinating conjunctions which appear quite frequently in German:

als	*when*	**nachdem**	*after*
bis	*until*	**ob**	*whether*
damit	*so that*	**während**	*while*

Note that there is always a comma between the main clause and the subordinate clause.

You may notice a tendency in colloquial German not always to put the finite verb at the end of the sentence or clause when using **weil**:

Ich konnte nicht kommen, weil ich arbeitete bis spät.

2 Commas

Commas are important in written German.

They are used to separate a main clause and a subordinate clause, as you can see in the following examples:

Obwohl wir sehr müde waren, mussten wir früh aufstehen.
Ich werde heute zu Hause bleiben, weil ich viel zu tun habe.

But avoid overusing commas. There is a temptation to put a comma after the introductory phrase in such sentences as:

Heute um 10 Uhr ist er nach München gefahren.

No comma is needed here, as there is no subordinate clause.

As a result of the spelling reform in Germany the use of a comma before **und** and **oder** is now less common. There should be no comma, even if **und** combines two main clauses:

Sie arbeitet als Designerin und ihre Firma liegt im Stadtzentrum.

◪ Mehr Übungen

The Arbeitsamt acts as a
job centre and also deals
with claims for
employment-related
benefits.

1 Berufe

i) In this unit you met a number of German job titles. Can you still
remember the German words for

civil engineer, executive, employee and *civil servant?*

ii) Do you know what the following job titles are in English? If you are
not sure, check in a dictionary.

Aktienhändler – Animateur – Apotheker – Architekt – Arzt – Bäcker –
Bauarbeiter – Bibliothekar – Buchhändler – Dolmetscher – Elektriker –
Fahrlehrer – Fernsehmoderator – Friseur – Gärtner – Goldschmied –
Informatiker – Journalist – Juwelier – Klempner – Kellner – Koch –
Krankenpfleger – Künstler – Landwirt – Lehrer – Makler – Metzger –
Modedesigner – Psychologe – Rechtsanwalt – Reiseleiter – Richter –
Schauspieler – Schriftsteller – Sekretär – Sozialarbeiter – Tierarzt –
Übersetzer – Verkäufer – Werbetexter – Wirt – Zahnarzt.

You have probably realized that all job titles here are given in the
masculine form. For the feminine form most simply add **-in**, but there are
a) five words were an Umlaut is also needed,
b) one which loses a final -e before adding the **-in** and
c) three which are different.

Can you find them?

2 Und wer macht was?

Finden Sie die passenden Berufe.

Beispiel: sie schreibt Computerprogramme: *Informatikerin*

a) sie schneidet Haare: _____ b) sie behandelt Patienten: _____; c) er repariert zum Beispiel Toiletten: _____; d) sie unterrichtet Kinder: _____; e) er bedient in einem Restaurant: _____; f) sie verkauft zum Beispiel Aspirin: _____; g) er übersetzt Texte: _____; h) er arbeitet auf einem Bauernhof: _____; i) sie berät Leute mit psychischen Problemen: _____; j) sie handelt an der Börse: _____; k) sie entwirft die Pläne für ein Gebäude:_____.

3 Was passt besser: Weil oder obwohl?

i) Join the two sentences together by using **weil** or **obwohl**. Make any necessary changes to the word order.

Beispiel: Frau Kubig mag ihren Beruf. Sie kann viel reisen
     Frau Kubig mag ihren Beruf, weil sie viel reisen kann.

(a) Herr Krause fliegt oft nach Budapest. Er hat dort geschäftlich zu tun.
(b) Claudia gefällt ihr Beruf. Sie muss oft unter Termindruck arbeiten.
(c) Sie arbeitet gern im Team. Ihre Kollegen haben alle Sinn für Humor.
(d) Sie möchte sich selbstständig machen. Das bedeutet mehr Stress.
(e) Claudia möchte eine eigene Firma gründen. Dies ist eine Herausforderung.

ii) And now rewrite the sentences, by starting with the **weil** or **obwohl** clause.

Beispiel: *Weil sie viel reisen kann, mag Frau Kubig ihren Beruf.*

4 Und jetzt Sie!

You (Anna) meet an old friend, Anke, in town and exchange information about work. Complete the dialogue with the help of the English prompts.

Anke   Hallo, Anna. Lange nicht gesehen! Sag mal, was bist du jetzt von Beruf?

Sie   *Tell her that you are a building engineer, that you are generally satisfied with your occupation, that you especially like the travelling, but that one of the biggest problems is the lack of free time. Ask her what she is doing now.*

Anke   Ich war fünf Jahre lang leitende Angestellte bei einer Kleiderfabrik, die aber leider nicht mehr konkurrenzfähig war. Deshalb bin ich im Moment arbeitslos.

Sie   *You say that you imagine that to be very difficult. Ask her how she is coping, and what she intends to do.*

Anke   Beim jetzigen Wirtschaftsklima ist es schwer, eine Stellung zu finden. Ich möchte deshalb einen Computer-Kurs machen, und hoffe, dass ich dann bessere Chancen habe.

Sie   *You say that this is a good idea, and that currently a lot of jobs are offered which require knowledge in that field. Wish her good luck.*

Anke   Vielen Dank!

Lesetext

Ein Lebenslauf

1   Overleaf is an example of a German CV.
Can you figure out what the terms **Persönliche Daten, Schulausbildung, Hochschulausbildung, Praktika, Berufspraxis, Besondere Kenntnisse, EDV** would be in an English CV?

2   **Richtig oder falsch?** Study the CV in more detail and answer the questions:
(a)   Wo verbrachte Maria ihre Kindheit?
(b)   Wann machte sie ihr Abitur?
(c)   Wie lange studierte sie?
(d)   Wo arbeitete sie nach ihrem Studienabschluss?
(e)   In was für einer Position arbeitet sie im Moment?

Lebenslauf

Persönliche Daten: Schrader, Maria
                             Berndstr. 7
                             24310 Hamburg
                             Tel.: 030/4567352
                             geb. am 1.04.1970 in München
                             verheiratet, 1 Kind

Schulausbildung:

1976 – 1980	Grundschule München
1980 – 1989	Schiller-Gymnasium München
	Abschluss: Abitur

Hochschulausbildung:

10/1989 – 6/1995	Universität Hamburg
	Studium der Psychologie
	Schwerpunkt: Angewandte Psychologie

Praktika:

1991	Personalabteilung Springer und Jocoby
1993	Marketingabteilung Otto-Versand

Berufspraxis:

9/95 – 7/97	Personalberaterin bei Uni-Lever
7/97 – 6/99	Stellvertretende Referentin der Personalabteilung
seit 7/99	Referentin für Personalfortbildung bei Hapag-Lloyd

Besondere Kenntnisse:

EDV	Textverarbeitung (Word for Windows) Tabellenkalkulation (Excel)
Fremdsprachen	Englisch sehr gut
	Französisch sehr gut

Hamburg,
17.1. 2...

5 | INTERESSIEREN SIE SICH FÜR KULTUR?

Lernziele

In this unit you will learn how to:

■ talk about your interests, like and dislikes
■ discuss different ways of spending your free time
■ apply verbs + prepositions
■ form infinitive clauses

Aufnahme 1

Marion, der Kulturmensch

Marion und Cornelia unterhalten sich darüber, was sie in ihrer Freizeit machen und was ihre Interessen und Hobbys sind.
Hören Sie den Dialog und beantworten Sie dann die Fragen in **Übung 1**.

Marion Übrigens, Cornelia, ich habe zwei Karten für die Oper am Samstagabend. Hast du nicht Lust mitzukommen?

Cornelia Das ist ja sehr nett von dir, Marion, aber ehrlich gesagt interessiert mich die Oper nicht besonders. Ich bin zwar schon kulturinteressiert, aber im Allgemeinen ziehe ich sportliche Aktivitäten vor.

Marion Ach, komm, du musst doch auch mal was anderes sehen als immer nur den Sportplatz! Ich meine, ich habe natürlich Verständnis dafür, wenn jemand Sport machen will, aber ich persönlich kann mich dafür gar nicht begeistern. Sport hat mich eigentlich schon immer gelangweilt.

Cornelia Und was sind deine Vorlieben?

Marion	Nun ja, ich interessiere mich eben für alles, was mit Kultur zu tun hat – in einer Großstadt wie München gibt es da ja alle Möglichkeiten. Ich bin gerne auf dem Laufenden, was die neuesten Filme, Theaterproduktionen und so weiter angeht. Was ich auch ganz toll finde ist, dass hier so viele Filme in der Originalsprache mit Untertiteln gegeben werden. Da kann ich wenigstens auch meine Sprachkenntnisse aufpolieren!
Cornelia	Und magst du nur moderne Theaterstücke?
Marion	Selbstverständlich schätze ich auch die Klassiker wie Goethe und Schiller. Abgesehen davon besuche ich auch regelmäßig Ausstellungen – letzten Sonntag war ich in der großen Impressionisten-Ausstellung, einfach fantastisch. Hier wird ja so viel Interessantes und Aufregendes geboten!
Cornelia	Interessierst du dich auch für Musik?
Marion	Sicherlich! Ich mag sowohl klassische als auch moderne Musik. Letzten Monat war ich erst wieder auf einem Konzert von Herbert Grönemeyer.

Übung 1

Richtig oder falsch?

Korrigieren Sie die falschen Aussagen.

(a) Marion möchte mit Cornelia in die Oper gehen.
(b) Cornelia ist kulturinteressiert, treibt aber lieber Sport.
(c) Marion interessiert sich auch für Sport.
(d) Sie sagt, dass man in München nicht viel machen kann.
(e) Sie sieht gern Filme in der Originalsprache.
(f) Marion interessiert sich für Theater, aber besucht selten Ausstellungen.

sich begeistern für	to be enthusiastic about
die Vorliebe (-n)	preference
auf dem Laufenden sein	to be informed, up to date
angehen (sep.)	to concern
der Untertitel (-)	subtitle
aufpolieren (sep.)	to brush up
schätzen	here: to appreciate

Übung 2

Vorlieben und Abneigungen

In **Aufnahme 1** there are a number of commonly used expressions of *preferences* and *dislikes*. Read through the text again and find the German expressions for:

(a) I am interested in everything that ...
(b) What I find great is ...
(c) I appreciate the classics like ...
(d) In general I prefer ...
(e) That doesn't interest me.
(f) Sport always bored me.

TIP 1: Verbs and prepositions

Many German verbs, like English verbs, are followed by a preposition. It is important to learn these verbs together with their preposition, as the German and English are often different:

I wait **for** the bus → Ich warte **auf** den Bus.
I am interested **in** music → Ich interessiere mich **für** Musik.

Here are some useful examples:

sich ärgern über	to be annoyed about
sich erinnern an	to remember
sich freuen auf	to look forward to
sich freuen über	to be pleased about
glauben an	to believe in
träumen von	to dream of

You might have noticed that many of the verbs are reflexive, i.e. they include **sich, mich, uns** etc., so-called reflexive pronouns. For example, if you want to say I am looking forward to the holiday:

Ich freue **mich** auf den Urlaub.

For more details see the grammar section of this unit.

Most of these prepositions are followed by the accusative case, but prepositions which normally take the dative do so in this instance, too:

Wir unterhielten uns lange mit der Sängerin.
Ich habe heute Nacht von dem Konzert geträumt.

Note that in a negative statement **nicht** comes after the verb and the reflexive pronoun (if there is one) and before the preposition:

Sie glaubt **nicht** an Ufos.
Er interessiert sich **nicht** für moderne Musik.

☑ Übung 3

Welche Sätzteile passen zusammen?

(a) Frau Beitz interessiert sich sehr	(i) mit ihren Kollegen.
(b) Birgit bewirbt sich	(ii) an das letzte Gespräch.
(c) Er erinnerte sich	(iii) von einer eigenen Firma.
(d) Herr Krause freut sich	(iv) über ihre Reiseziele.
(e) Er und Frau Kubig unterhalten sich	(v) auf seine Familie.
(f) Claudia Andresen versteht sich gut	(vi) für Politik.
(g) Sie spricht mit ihnen	(vii) um eine Banklehre.
(h) Claudia träumt	(viii) über ihr neues Projekt.

☑ Übung 4

Welche Verben brauchen welche Präpositionen?

(a) sich interessieren: *für* (d) sich bewerben: ___ (g) sprechen: ___
(b) sich erinnern: ___ (e) sich unterhalten: ___ (h) träumen: ___
(c) denken: ___ (f) sich verstehen: ___ (i) warten: ___

Note that **sich unterhalten** and **sprechen** can have two prepositions: **mit** when you speak directly to a person and **über** when you speak about someone or something.

☑ Übung 5

Wie heißen die Fragen?

When asked her opinion on various matters, this is what Frau Andresen said. But what were the questions? Find an appropriate question for each answer.

Beispiel: Nein, ich interessiere mich nicht für Fußball. Fußball finde ich langweilig.
→ *Interessieren Sie sich (eigentlich) für Fußball?*

(a) Ja, ich ärgere mich über das Wetter. Das ist schrecklich.

(b) Ja, ich verstehe mich gut mit meinen Kollegen. Sie sind alle sehr nett.

(c) Ufos? Nein, ich glaube nicht an Ufos. Das ist doch Quatsch.

(d) Ja, ich interessiere mich sehr für Kunst, besonders schätze ich abstrakte Malerei.

(e) Nein, für Techno-Musik kann ich mich nicht begeistern. Sie ist viel zu laut.

(f) Ja, ich freue mich auf die Ferien. Da fahre ich nach Mallorca.

Und Sie?

After you have found the questions, go through them and this time answer for yourself. Give a reason for your opinion.

Aufnahme 2

Pläne für den Sommer

Sebastian und Jochen unterhalten sich darüber, was sie in den Sommerferien machen wollen. Hören Sie den Dialog und unterstreichen Sie die richtigen Antworten.

Übung 6

(a) Sebastian will einen Flugschein/Führerschein/Waffenschein machen.

(b) Jochen möchte seinen zweiten/dritten/vierten Tanzkurs machen.

(c) Danach möchte er auf Turnieren/Wettkämpfen/Tanzabenden tanzen.

(d) Außer Tanzen singt/segelt/schwimmt er noch in seiner Freizeit.

(e) Er sagt, es ist eine gute Gelegenheit, neue Menschen/Leute/Personen kennen zu lernen.

(f) Sebastian meint, es würde ihm nicht gefallen, so eingebunden/gebunden zu sein.

(g) Er zieht es vor, seine Freizeit individuell/frei/flexibel zu gestalten.

der Führerschein (-e)	driving licence
die Fahrschule (-n)	driving school
anmelden (sep.)	to register, enrol
der Deckel (-)	here colloquial for: driving licence
die Hochzeit (-en)	wedding
eingebunden	tied

🦅 Übung 7

Welche Antwort passt?

1 Also, was hast du eigentlich so geplant?
   (a) Sie werden im Sommer nach Griechenland fahren.
   (b) Ich werde meinen Führerschein anfangen.
   (c) Das ist übrigens dem Peter passiert.

2 Wie viele Stunden brauchst du denn?
   (a) Heute Abend um 7 Uhr.
   (b) Es fängt am Sonntag an.
   (c) Na ja, 20 ist so der Durchschnitt.

3 Hast du denn eine Partnerin für den Kurs?
   (a) Ja, du kennst doch die Sybille, oder?
   (b) Vielleicht den Marco.
   (c) Ja, den Kurs mache ich alleine.

4 Da muss man doch ziemlich oft trainieren, oder?
   (a) Nein! Das glaube ich dir nicht.
   (b) Ach, aber außer dem Tanzen mache ich eigentlich nichts weiter.
   (c) Nein, es gefällt mir zu trainieren.

TIP 2: Infinitive with *zu*

In German there are a number of expressions, often useful when talking about hobbies, leisure time etc., which require **zu** + infinitive:

   Ist es teuer, in die Oper zu gehen?   *Is it expensive to go to the opera?*

   Er hat keine Zeit zu kommen.   *He doesn't have the time to come.*

As you can see, the **zu** + infinitive go to the end of the sentence or clause. The second part of this sentence also needs to be separated from the main clause by a comma, unless it consists only of **zu** + infinitive, as in the second example.

Verbs that often need **zu** + infinitive are: **aufhören** to stop, **hoffen** to hope, **vorziehen** to prefer, **versuchen** to try.

Many expressions which consist of a **verb + adjective** are often followed by an infinitive + **zu**:

   Es ist möglich, ...   *It is possible ...*
   Es ist wichtig, ...   *It is important ...*

> The same applies to expressions which consists of a **verb + noun**:
>
> Ich habe (keine) Lust ...   I (don't) fancy ...
> Es macht Spaß ...   It is fun ...
>
> *There are four examples of infinitives + zu in exercises 6 and 7. Can you find them?*
>
> *For more information, see also the Grammar section.*

Übung 8

Complete the answers to the following questions by using a **zu** + infinitive construction.

Beispiel: Fährst du im Sommer nach Griechenland? Ja, ich hoffe, ...
    Ja, ich hoffe, im Sommer nach Griechenland zu fahren.

(a) Geht ihr heute Abend in die Disko? Nein, wir haben keine Lust, ...
(b) Willst du eigentlich bald deinen Führerschein machen? Ja, ich habe vor, ...
(c) Kann man dort auch ein Bier trinken? Nein, dort ist es nicht möglich, ...
(d) Geht ihr nachher noch ins Restaurant? Ja, wir haben Lust, ...
(e) Bekommt man noch Karten für das Konzert? Nein, es ist unmöglich, ...
(f) Möchtest du lieber deine Freizeit selbst gestalten? Ja, ich ziehe es vor, ...

Aufnahme 3

Helga and Peter Schneider unterhalten sich mit Birgit über ihre Hobbys und was man in der Freizeit machen kann. Hören Sie den Dialog und entscheiden Sie, ob die folgenden Aussagen richtig oder falsch sind.

Hier sind einige Schlüsselwörter:

der Kegelclub (-s)	*bowling club*
etwas ausfallen lassen	*to skip something, give something a miss*
sich ausschließen	*to exclude oneself, not to take part in something*
gesellig	*sociable*

✔ Übung 9

	R	**F**
(a) Birgit und Alex geben in zwei Wochen eine große Party.	☐	☐
(b) Helga und Birgit bekommen Besuch von Keglern aus England.	☐	☐
(c) Weil sie in einem Club sind, können sie sich nicht ausschließen.	☐	☐
(d) Helga gefällt es besonders, dass man beim Kegeln die gleichen Leute trifft.	☐	☐
(e) Birgit sagt, sie braucht Zeit für sich selber.	☐	☐
(f) Helga und Peter haben noch nie eine Städtereise mit dem Club unternommen.	☐	☐

Lesen Sie dann den Text und überprüfen Sie Ihre Antworten.

Birgit   Hallo, ihr beiden. Habt ihr nächstes Wochenende schon was vor? Alex und ich geben eine große Party.

Helga   Toll, da kommen wir gern, nicht wahr, Peter?

Peter   Vielen Dank für die Einladung, Birgit, aber nächstes Wochenende sind Helga und ich mit dem Kegelclub in England, in unserer Partnerstadt. Hast du das etwa vergessen, Helga?

Birgit   Könnt ihr das denn nicht mal ausfallen lassen? Wir haben doch so lange schon nicht mehr zusammen gefeiert.

Helga   Ich weiß, Birgit. So ein Pech! Es tut uns ja auch wirklich Leid, aber das ist schon seit Wochen geplant. Und du weißt ja, wie das ist in so einem Club – da kann man sich schlecht ausschließen, wenn solche Veranstaltungen organisiert werden. Das sagt uns auch nicht immer zu.

Birgit   Habt ihr denn nie daran gedacht, auszutreten? Also, ich hätte davon schon längst genug. Da kann man sich ja gar nichts anderes mehr vornehmen außer Kegeln.

Peter   Das ist eigentlich das Einzige, was uns beiden nicht so gut gefällt. Aber es hat auch unheimlich viele Vorteile.

Helga   Ja, das stimmt. Ich mag ganz besonders die gesellige Seite. Kegeln ist immer lustig, und man trifft öfters neue Leute, besonders wenn man auf Turniere geht.

Birgit Was, auf Turniere geht ihr auch noch? Da ist doch bestimmt eure ganze Freizeit verplant. Das wäre ganz und gar nicht nach meinem Geschmack. Ich habe gerne auch mal Zeit für mich selbst. So sehr eingebunden zu sein, würde mir überhaupt nicht gefallen.

Peter Aber du darfst auch nicht vergessen, dass der Club viele interessante Unternehmungen organisiert, die uns beiden doch viel Spaß machen. Denk doch nur mal an die Städtereisen, die wir schon unternommen haben – und schließlich ist es ja auch eine sportliche Betätigung, die man bis ins hohe Alter betreiben kann.

die Partnerstadt (¨-e)	*twin town*
sich etwas vornehmen (sep.)	*to plan something*
das sagt uns nicht zu	*that is not to our liking*
austreten (sep.) **aus** (+ dat.)	*to leave (a club, society, etc.)*
das Turnier (-e)	*tournament*
von etwas genug haben	*to have enough of something*
verplanen	*to book out completely, to plan every minute*
Das wäre nicht nach meinem Geschmack.	*That would not be to my taste.*
die Betätigung (-en)	*activity*
betreiben	*to do (esp. sport)*

Übung 10

Positiv und negativ...

Lesen Sie den Text noch einmal und ergänzen Sie i) vier positive und ii) vier negative Aussagen.

(i)

(a) Es hat auch unheimlich ...

(b) Ich _____ _____ _____ die gesellige Seite.

(c) Ich habe _____ _____ _____ Zeit für mich.

(d) Der Club organisiert viele Unternehmungen, die ...

(ii)

(a) Also, ich hätte davon schon ...

(b) Das ist das einzige, was ...

(c) Das wäre ganz und gar nicht nach ...

(d) So eingebunden zu sein, würde ...

Übung 11

Sagen Sie's auf Deutsch!

(a) Have you made any plans for the coming weekend?

(b) Splendid, we'd love to come.

(c) Can't you skip that for once?

(d) What a pity!

(e) That is not always to our liking.

(f) Well, I would long ago have had enough of that.

(g) That would not be at all to my taste.

Grammatik

1 Verbs and prepositions

In *TIP 1* you were introduced to verbs that are followed by a preposition.
Here is a list of the most common ones:

an	denken an *to think of/about*	**mit**	aufhören mit *to stop sth.*
	sich erinnern an *to remember*		sprechen mit *to talk to*
	glauben an *to believe in*		telefonieren mit *to phone*
	schreiben an *to write to*	**nach**	fragen nach *to ask about*
auf	sich freuen auf *to look forward to*		suchen nach *to look for*
	warten auf *to wait for*	**über**	sich ärgern über *to get annoyed about*
bei	sich entschuldigen bei *to say sorry to*		sich freuen über *to be pleased about*
für	sich entschuldigen für *to say sorry for*		sprechen über *to talk about*
	sich interessieren für *to be interested in*	**um**	sich bewerben um *to apply for*
	sich begeistern für *to be enthusiastic about*	**von**	träumen von *to dream of, about*

Note that prepositions such as **an**, **auf** and **über**, which can take either the
accusative or the dative, usually take the accusative in a verb + preposition
expression:

Ich schreibe an meinen Bruder.   *I'm writing to my brother.*

As you might have noticed, some verbs also go with more than one preposition and change their meaning depending on the preposition used:

Ich freue mich auf den Film.   *I'm looking forward to the film.*
Ich freue mich über mein   *I'm pleased about my present.*
Geschenk.   ·

Verbs can also take more than one preposition at a time:

Ich habe **mit** Herrn Schmidt **über** das Theaterstück gesprochen.

EXTRA-TIP 1: Reflexive pronouns

You probably noticed that many of the verbs taking a preposition are reflexive. Here is a short reminder of how the reflexive pronouns – the equivalents of *myself, yourself, him/herself*, etc. – go in German:

ich freue **mich**   du freust **dich**   Sie freuen **sich**   er/sie/es freut **sich**
wir freuen **uns**   ihr freut **euch**   Sie freuen **sich**   sie freuen **sich**

EXTRA-TIP 2: Prepositional pronouns

If you reply to a question in which a *verb + preposition* is used, you don't have to repeat the whole phrase. Look at the examples:

Hat er **nach** deinem Namen gefragt? *Nein, er hat nicht **danach** gefragt.*
Interessierst du dich **für** Sport? *Nein, ich interessiere mich nicht **dafür**.*

Note that you can put **da(r)-** in front of most prepositions when you want to say *in it, on it, about it*, etc. and replace the noun with a so-called prepositional pronoun:

Erinnerst du dich **an** dieses Buch? *Ja, ich erinnere mich sehr gut **daran**.*
Ärgerst du dich **über** moderne Musik? *Nein, ich ärgere mich nicht **darüber**.*

The prepositional pronoun can usually also go at the beginning:
Hat er nach deinem Namen gefragt? *Nein, **danach** hat er nicht gefragt.*

---

2 zu + infinitive clauses

As already explained in *TIP 2*, **zu** is often needed to create an infinitive clause, as in **Ich versuche, noch Karten zu bekommen.**

Apart from a number of verbs, many expressions which consists of a **verb + noun** or a **verb + adjective** are often followed by an infinitive + **zu**. Especially the phrases **Ich habe ...** and **Es ist ...** indicate the use of a **zu** + infinitive clause:

> Ich habe große Lust, einen Tanzkurs zu machen.
> ,Es ist Zeit, nach Hause zu gehen.
> Es ist verrückt, so viel Sport zu treiben.
> Ist es nicht langweilig, den gleichen Film noch einmal zu sehen?

Note also the very useful German expression **um ... zu ...** *in order to*, in which the **zu** + infinitive construction is used:

> Sie treibt viel Sport, **um** fit **zu** bleiben.
> *She is doing a lot of sport (in order) to stay fit.*

> Ich fliege nach Budapest, **um** Verhandlungen mit einer ungarischen
> · Firma **zu** führen.
> *I'm flying to Budapest (in order) to conduct negotiations with a Hungarian firm.*

As you can see, **um** goes at the beginning of the clause and the **zu** + infinitive at the end.

✌ Mehr Übungen

1 Dafür, daran, etc.?

Answer these questions, using the prompts in brackets to help you. After either "Ja" or "Nein" you should start your answer with the appropriate combination of **da** + preposition.

Beispiele: Interessieren Sie sich für Fußball? (Nein – gar nicht)
> ***Nein, dafür interessiere ich mich gar nicht.***
> Erinnerst du dich an meine 18. Geburtstagsparty? (Ja – sehr gut!)
> ***Ja, daran erinnere ich mich sehr gut!***

(a) Freust du dich auf deinen Urlaub in Spanien? (Ja – sehr)
(b) Erinnern Sie sich an meine erste Ausstellung? (Nein – leider nicht)
(c) Bewerben Sie sich um die Stelle? (Ja – bestimmt)
(d) Ärgerst du dich über das englische Wetter? (Nein – überhaupt nicht)
(e) Interessierst du dich für Musik? (Ja – ungeheuer)

(f) Hast du dich nicht über deine Geschenke gefreut? (Nein – ganz und gar nicht!)

2 Was kann man auch sagen?

Welche Ausdrücke haben eine ähnliche Bedeutung?

(a) Ich bin kulturinteressiert.

(b) Das hat mich schon immer gelangweilt.

(c) Das würde mir nicht gefallen.

(d) Ich bin gern auf dem Laufenden.

(e) Das schätze ich sehr.

(f) Das ist das Einzige, was uns nicht gefällt.

(g) Ich habe kein Verständnis dafür.

(i) Ich weiß gern, was so passiert.

(ii) Das ist eine Sache, die wir nicht mögen.

(iii) Das verstehe ich nicht.

(iv) Ich interessiere mich für Kultur.

(v) Das mag ich nicht.

(vi) Das fand ich schon immer langweilig.

(vii) Das ist mir viel wert.

3 Und jetzt Sie!

Übernehmen Sie die folgende Rolle und sprechen Sie mit Hilfe der englischen Hinweise über Ihre Freizeitaktivitäten. Benutzen Sie die Vokabeln, die in dieser Lektion vorgekommen sind. Die Antworten hören Sie auf der Audio-Aufnahme.

Markus Was machst du denn gerne in deiner Freizeit?

Sie *Tell him that you have been swimming for a club for eight years, and that you are also a member of a bowling club.*

Markus So viel Sport – das wäre ganz und gar nicht nach meinem Geschmack! Da ist doch bestimmt deine ganze Freizeit verplant!

Sie *Tell him that sometimes you think that it is a little bit too much. However, you think it has a lot of advantages.*

Markus Was gefällt dir denn so gut daran?

Sie *Tell him that you meet a lot of people, you keep fit and you get to see a lot of new places when going to tournaments with the clubs.*

Markus	Interessierst du dich denn gar nicht für Kultur?
Sie	*Tell him that you are interested in culture, but that you prefer sports.*
Markus	Magst du denn zum Beispiel klassische Musik oder Malerei?
Sie	*Tell him that, quite honestly, you prefer modern music, and that you also like to go to the cinema.*
Markus	Naja, jeder nach seinem Geschmack!

Lesetexte

Zwei Städte mit viel Kultur

Text A

Salzburg is one of Austria's most attractive cities. See what you can understand of this short text about Salzburg. Try to find information about Salzburg's geographic location, accessibility, population, and its attractions and main claims to fame.

Willkommen in der **Stadt Salzburg**

Salzburg, in 425 m Seehöhe, liegt am Nordrand der Ostalpen fast in der Mitte Österreichs. Es ist mit der Eisenbahn, dem Auto und dem Flugzeug aus allen Richtungen bequem zu erreichen. Die Stadt zählt zirka 145 000 Einwohner. Die Stadt Salzburg und seine Umgebung sind unvergleichlich schön. Salzburg ist als Mozartstadt weltbekannt. Hier wurde Wolfgang Amadeus Mozart 1756 geboren. Seit 1953 hat Salzburg eine Musikakademie und im Jahre 1962 wurde die bereits 1622 gegründeten Universität wieder errichtet. Und nicht zuletzt ist Salzburg die weltbekannte Festspiel-, Kur- und Kongressstadt.

Mehr Auskunft bei http://www.salzburg.at

Text B

München – Weltstadt mit Herz

Sie gilt als die Weltstadt mit Herz und nach einer Umfrage der Zeitschrift Focus ist sie die Stadt, in der die meisten Deutschen leben möchten: München, mit mehr als 1,2 Millionen Einwohnern die drittgrößte Stadt Deutschlands. Ein Ort zum Wohlfühlen, der viel Lebensqualität bietet – Alpenblick, Biergärten, große Seen in unmittelbarer Nähe, elegante Shopping-Boutiquen. Der Nachteil: neben Düsseldorf hat München die höchsten Miet- und Immobilienpreise der Bundesrepublik – ein Quadratmeter kostet mehr als E 8,70.

Wirtschaftlich ist München ein Renner: Heimatstadt für BMW, Siemens, viele Banken, Versicherungen, Modefirmen und Brauereien. Täglich pendeln 240 000 Menschen. Und auch für Bücher ist München von Bedeutung: Nach New York ist es die zweitgrößte Verlagsstadt der Welt.

Kein Wunder, dass München viele Touristen anlockt: 50 Millionen Tagesbesucher und drei bis vier Millionen Übernachtungen hat die Stadt pro Jahr. Viele kommen auch wegen des kulturellen Angebotes: 50 Museen und 73 Theater bietet die Stadt. Ein Tip: Das Deutsche Museum, das jährlich von einer Millionen Menschen besucht wird.

Andere Attraktionen sind der Englische Garten, einer der größten städtischen Gärten und das Olympiastadion, in dem der FC Bayern seine Heimspiele austrägt. Und nicht zuletzt das Oktoberfest, das größte Bierfest der Welt.

die Umfrage (-n)	*survey*
ein Ort zum Wohlfühlen	*a place to feel at home in*
der Nachteil (-e)	*disadvantage*
der Renner (-)	*hit*
pendeln	*to commute*
die Bedeutung (-en)	*importance, significance*
der Verlag (-e)	*publishing company*
anlocken (sep.)	*to attract*
austragen (sep.)	*to fight out*

1 Sind die folgenden Aussagen richtig oder falsch? Korrigieren Sie die falschen Aussagen.

(a) München ist die beliebteste Stadt in Deutschland.

(b) Sie ist die zweitgrößte Stadt der Bundesrepublik.

(c) Ökonomisch hat München Probleme.

(d) Jährlich kommen vier Millionen Besucher nach München.

(e) Das Oktoberfest ist das größte Bierfest der Welt.

2 Can you say in English what the following figures refer to?

(a) 8,70

(b) 50

(c) 73

(d) 240 000

(e) 1,2 Million

(f) 3–4 Millionen

(g) 50 Millionen

6 UND WIE IST IHRE MEINUNG?

Lernziele

In this unit you will learn how to:

■ talk about health matters and sport
■ ask for and express opinions
■ agree and disagree

■ create and use modal verbs
■ apply the genitive case

Aufnahme 1

Rauchen – Pro und Contra

Elke und Jochen diskutieren über ein Rauchverbot in der Öffentlichkeit. Hören Sie den Dialog und machen Sie dann die folgenden Übungen.

Elke Bist du der Meinung, dass das Rauchen in der Öffentlichkeit verboten werden sollte?

Jochen Ganz und gar nicht! Ich finde, die Antiraucherfanatiker sind schon zu weit gegangen mit ihren neurotischen Forderungen.

Elke Was hältst du also von dem Argument, dass jeder das Recht haben sollte, reine Luft zu atmen?

Jochen Das ist ja ein Witz! Ich als Radfahrer muss die ganzen Abgase von den vielen Autos einatmen. Wo bleibt denn da mein Recht auf reine Luft?

Elke Da ist bestimmt 'was dran. Aber es gibt nur noch ein Unrecht mehr, wenn man sowohl Zigarettenrauch als auch Autoabgase atmen muss.

Jochen	Das ist mir egal. Solange die Autofahrer meine Luft verpesten, bestehe ich auf meinem Recht, auch in der Öffentlichkeit zu rauchen.
Elke	Und machst du dir um deine Gesundheit keine Sorgen?
Jochen	Nee, eigentlich nicht. Mir macht das Rauchen unheimlich viel Spaß.

ganz und gar nicht	*not at all*
die Forderung (-en)	*demand*
rein	*pure, clean*
das Abgas (meist Pl. **die Abgase)**	*exhaust fumes*
das Recht auf	*the right (to)*
Da ist bestimmt 'was dran.	*There's certainly something in that.*
Es gibt nur noch ein Unrecht mehr.	*Two wrongs don't make a right.*
verpesten	*to pollute, foul up*
sich Sorgen machen um	*to worry about*

 Übung 1

Richtig oder falsch?

Korrigieren Sie die falschen Aussagen.

(a) Elke fragt, ob das Rauchen in der Öffentlichkeit verboten werden sollte.

(b) Jochen denkt, dass die Forderungen der Antiraucher richtig sind.

(c) Er selber ist auch Nichtraucher.

(d) Über die Autofahrer beschwert er sich aber nicht

(e) Elke sagt, es ist nicht richtig, wenn man Zigarettenrauch und Abgase einatmet.

(f) Jochen macht sich große Sorgen um seine Gesundheit.

Übung 2

Sagen Sie's auf Deutsch!

(a) Not at all!

(b) You must be joking!

(c) There may well be something in that.

(d) I don't care.

(e) I really enjoy smoking.

TIP 1: Asking and expressing opinions in German

In German there are a number of ways of asking for and expressing opinions. Some of them you probably already know. Here are the most common ones:

Wie finden Sie ... ?	*What do you think of ... ?*
Was denken Sie über ... ?	*What do you think about ... ?*
Was halten Sie von ... ?	*What do you think of ... ?*
Wie ist Ihre Meinung/Ansicht über ... ?	*What's your opinion/view on ... ?*
Sind Sie der Meinung/Ansicht, dass ... ?	*Are you of the opinion/view that ... ?*

Note that you could of course use the **du** *form for the questions, e.g.*
Wie findest du ...? Wie ist deine Meinung über ... ?

Ich finde, ... / Ich denke, ... / Ich meine, …	*I think ...*
Ich bin der Meinung/Ansicht, dass ..	*I am of the opinion / view that ...*
Meiner Meinung/Ansicht nach ...	*In my opinion ...*

Note the gradual increase in formality for both the questions and the answers.

Some commonly used phrases to express agreement or disagreement are:

Das stimmt.	Das stimmt nicht.
Da haben Sie Recht.	Da haben Sie Unrecht.
Da bin ich (ganz) Ihrer Meinung.	Da bin ich (ganz) anderer Meinung.
Da stimme ich mit Ihnen überein.	Da muss ich widersprechen.

In **Aufnahme 1** *there are also some examples of more emotional responses to opinions, e.g: Das ist ein Witz!* **You must be joking.** *There are two more. Can you find them?*

Note these other commonly used expressions:
So ein Quatsch! *What rubbish!* Was für ein Blödsinn! *What nonsense!*

 ## Übung 3

Sagen Sie es höflicher!

Find a more polite way to express B's responses. There is often more than one possible answer.

Beispiel: A: Rauchen sollte verboten werden. B: Das ist vielleicht ein
                Witz!
                B: *Da bin ich anderer Meinung! /Da muss ich widersprechen!*

(a) A: Autoabgase sind auch sehr gefährlich.
    B: Da hast du Recht.
(b) A: Man sollte weniger mit dem Auto fahren.
    B: Da ist bestimmt 'was dran.
(c) A: Wir sollten alle mit dem Fahrrad zur Arbeit fahren.
    B: Das ist ja Quatsch!
(d) A: Ich finde, du gehst zu weit mit deinen Forderungen.
    B: Ach was! Ganz und gar nicht.
(e) A: Aber Rauchen ist doch ungesund, findest du nicht?
    B: Das stimmt leider.
(f) A: Jeder sollte das Recht auf reine Luft haben.
    B: Da hast du sicher Recht.

Übung 4

Was fehlt hier?

Ergänzen Sie die folgenden Fragen.

(a) _____ findest du eigentlich Deutsch?

(b) _____ denkst du _____ d_____ Politik der Regierung?

(c) Was halten Sie _____ d_____ Idee, mehr Sport zu treiben?

(d) _____ Sie _____ Meinung, dass Sie gesund leben?

(e) Stimmen Sie mit mir _____ _____, dass es schwer ist, das Rauchen aufzugeben?

(f) _____ ist _____ An _____ über ein Rauchverbot in der Öffentlichkeit?

Und wie ist Ihre Meinung? Try to find an answer for each question.

MIR STINKT'S!

Ihnen auch? – Dann ist es Zeit mit dem RAUCHEN aufzuhören. Ihr Entschluß NICHTRAUCHER zu werden braucht einen verläßlichen PARTNER. **NICOBREVIN N** unterstützt zweifach: Medikamentös und durch Selbstkontrolle. **NICOBREVIN N** Kapseln enthalten kein Nikotin. Rezeptfrei in allen Apotheken – auch in Österreich und in der Schweiz. Empf. Preis für die 4-Wochen-Kur DM 36,-. **Nicht** teurer als 1 Woche Rauchen. N i c o b r e v i n   N   g e g e n   d a s   R a u c h e n . INTER-BREVIPHARM GMBH, Postfach 1708, 6380 Bad Homburg v.d.H.

📼 Aufnahme 2

Sind Sie für oder gegen ein Rauchverbot?

Übung 5

Frau Merk sagt, was ihre Meinung über das Rauchen ist.
Hören Sie den Dialog und unterstreichen Sie die richtigen Antworten.

(a) Frau Merk ist für/gegen ein Rauchverbot in Restaurants und Gaststätten.

(b) Sie findet es eine Vermutung/Verachtung/Zumutung, wenn andere Gäste rauchen.

(c) Viele Gäste wollen sich beim Rauchen erholen/entspannen/erregen.

(d) Sie ist der Meinung, Rauchen hat eine positive/neutrale/negative Einwirkung.

(e) Ihrer Ansicht nach sind manche Menschen anfällig/allergisch/immun gegen Rauch.

(f) Sie sagt, die Zahl der Restaurants mit Rauchverbot sinkt/stagniert/wächst.

sich aussprechen für	*to speak in favour of*
die Zumutung (-en)	*imposition, unreasonable demand*
die Einwirkung auf	*effect on*
ehrlich	*honestly*
meines Erachtens	*in my estimation*
(nicht) zu viel verlangt	*(not) asking too much*
eine Zeit lang	*for a while*
die Mehrheit (-en)	*majority*
die Zwischenzeit (-en)	*meantime*

☑ Übung 6

Welche Satzteile passen zusammen?

Verbinden Sie die Satzteile, die am besten zusammenpassen. Hören Sie dann die Aufnahme noch einmal oder lesen Sie die Transkription und überprüfen Sie Ihre Antworten.

(a) Viele Gäste möchten rauchen,

(i) dass ihr Rauchen eine negative Einwirkung hat.

(b) Es ist eine Zumutung,

(ii) die allergisch sind gegen Zigarettenrauch.

(c) Solche Leute vergessen meistens,

(iii) dass es noch eine Zeit lang dauern wird.

(d) Es gibt ja Menschen,

(iv) die das Rauchen total oder zum Teil verbieten.

(e) Aber ich sehe auch ein,

(v) wenn sie sich bei Wein oder Kaffee entspannen.

(f) Es wächst die Zahl der Restaurants,

(vi) wenn ich beim Essen durch das Rauchen gestört werde.

TIP 2: Modal verbs

Especially in the context of health or fitness it is important to know how to say what one can do, must do, can't do, must not do, etc.

The group of verbs which express these functions are called modal verbs. In German they are:

können *to be able to/can*, **dürfen** *to be allowed to/may*, **müssen** *to have to/must*, **sollen** *ought to/should*, **wollen** *to want to*

Note that the German equivalent of *must not* is **dürfen** + **nicht** or **kein**:

Hier darf man nicht rauchen.   *Here one must not (is not allowed to) smoke.*

Sie dürfen keinen Alkohol trinken.   *You must not drink any alcohol.*

Ich muss nicht in German means *I don't have to*:

Ich muss nicht mit dem Fahrrad zur Uni fahren, ich kann auch mit der Straßenbahn fahren. *I don't have to go to the uni by bike, I can go by tram, too.*

The modal verbs in German are quite irregular. If you would like to refresh your memory how they go, have a look at the grammar section.

Übung 7

Wie heißt es richtig?

Setzen Sie die richtige Verbform ein.

Beispiel: Hier _____ Sie nicht parken. (dürfen)
       Hier dürfen Sie nicht parken.

(a) _____ man hier rauchen? (dürfen)

(b) _____ ihr mir sagen, was das kostet? (können)

(c) Was? Er _____ nicht schwimmen? (können)

(d) Meine Ärztin sagt, ich _____ mehr Sport treiben. (sollen)

(e) Ich _____ ja gesünder leben, aber das ist nicht so einfach. (wollen)

(f) _____ du morgen mitkommen? (können)

(g) Ihr _____ mitkommen, wenn ihr _____, aber ihr _____ nicht
(können/wollen/müssen)

DEUTSCHLAND – INFO

Health care in Germany

Germans enjoy a very high standard of health care. Ninety per cent of the population are covered by the statutory health insurance measures. The various schemes to which people belong include **die Allgemeine Ortskrankenkasse (AOK)** and industry-based schemes, such as **die Seekrankenkasse** and **die Bundesknappschaft**. There are also private health insurance schemes.

The concept of the **Kur** at a health spa is still very much alive in Germany and supported to a considerable extent by health insurance schemes. A whole industry has developed around the provision of treatment of various kinds, from mud baths to taking the waters in **Badekurorte** and **Luftkurorte**. The most famous **Kurort** in Germany is Baden-Baden.

Herzlich willkommen
in Bad Gandersheim!

Stadt ⌂ **Bad Gandersheim**

Wohlfühlen leicht gemacht

Bad Gandersheim ist einer der vielen deutschen Kurorte. Sein
Heilbad bietet Linderung bei Rheuma, Kreislaufstörungen, usw.

Aufnahme 3

Susanne hält sich fit

Susanne tut viel für ihre Gesundheit. Sie ist sehr sportlich und Mitglied in einem Schwimmclub. Hören Sie, was sie erzählt und beantworten Sie die Fragen.

Übung 8

(a) Mit wie viel Jahren hat sie schwimmen gelernt?
(b) Wie lange schwimmt sie schon für ihren Club?
(c) Wie viele Stunden hat sie am Anfang trainiert?
(d) Trainieren die Schwimmer alleine?
(e) Wie oft trainiert sie im Moment?
(f) Was ist ihre Meinung über das Schwimmen?

Hier sind einige Schlüsselwörter:

der Schwimmunterricht	*swimming lessons*
ausgepumpt	*exhausted*
sich steigern	*to increase*
belasten	*to strain*
das Gelenk (-e)	*joint*

Martina   Sag mal, Susanne, wie lange betreibst du denn dieses Hobby schon?

Susanne   Also, meine Eltern haben mich schon mit fünf Jahren zum Schwimmunterricht geschickt, so dass ich natürlich in der Schule eine der besten im Schwimmunterricht war. Meine Lehrerin hat mir dann geraten, in einen Schwimmclub einzutreten.

Martina   Und seit wann schwimmst du für diesen Club?

Susanna   Seit zehn Jahren schon.

Martina   Wie oft trainierst du denn da pro Woche?

Susanne   Am Anfang trainiert man zweimal pro Woche eineinhalb Stunden. Dann, je nach Alter und Leistung, steigert sich das Trainingsprogramm: dreimal, viermal, fünfmal pro Woche. Und natürlich auch längere Trainingszeiten.

Martina   Ist dir das denn niemals langweilig geworden?

Susanne	Überhaupt nicht. Erstens trainiert man ja mit den anderen Schwimmern zusammen und hat somit viel Spaß, und zweitens kommen dann ja auch die verschiedenen Wettkämpfe dazu. Da weiß man, wofür man trainiert hat. Auch wenn man nicht immer gewinnt.
Martina	Bist du denn da nicht oftmals ziemlich ausgepumpt?
Susanne	Eigentlich nicht. Das Trainingsprogramm steigert sich ja langsam, so dass ich jetzt daran gewöhnt bin, fünfmal pro Woche zu trainieren. Außerdem ist Schwimmen natürlich auch eine gute Methode, sich gesundheitlich fit zu halten. Es bringt den Kreislauf in Schwung und ist der Sport, der die Gelenke am wenigsten belastet und dabei alle Muskeln des Körpers trainiert.

langjährig	of many years' standing, long-standing
betreiben	to pursue (hobbies etc.)
eintreten in	to join
der Wettkampf (-¨e)	competition
an etwas gewöhnt sein	to be used to something
etwas in Schwung bringen	to get something going
der Kreislauf	circulatory system; this aspect of health is mentioned much more frequently in German than in English. A common diagnosis by German doctors is *Kreislaufstörungen* (lit. circulatory disturbances).

⟨✓⟩ Übung 9

Lesen Sie den Text noch einmal und ergänzen Sie

(a) Wie lange betreibst …
(b) Meine Lehrerin hat mir geraten, …
(c) Je nach Alter und Leistung …
(d) Da weiß man, …
(e) Schwimmen ist eine gute Methode, sich …
(f) Er bringt den Kreislauf …
(g) Schwimmen belastet die Gelenke …
(e) Man trainiert alle …

◤ Grammatik

1 Modal verbs

As you are already aware, the modal verbs in German form a group of their own and behave differently from other verbs. The five most important modals are mentioned in *TIP 2*. There is one more that you also need to know: **mögen** *to like*.

Here are the present tense forms:

	dürfen	**können**	**mögen**	**müssen**	**sollen**	**wollen**
	may	*can*	*like (to)*	*must*	*ought (to)*	*want (to)*
ich,er/sie/es	darf	kann	mag	muss	soll	will
du	darfst	kannst	magst	musst	sollst	willst
wir, Sie, sie	dürfen	können	mögen	müssen	sollen	wollen
ihr	dürft	könnt	mögt	müsst	sollt	wollt

And here are the simple past tense forms:

ich, er/sie/es	durfte	konnte	mochte	musste	sollte	wollte
du	durftest	konntest	mochtest	musstest	solltest	wolltest
wir, Sie, sie	durften	konnten	mochten	mussten	sollten	wollten
ihr	durftet	konntet	mochtet	musstet	solltet	wolltet

Note that for talking about the past, modal verbs usually take the simple past tense form; they occur very seldom in the perfect. However, you do need to know the past participles of modal verbs. Fortunately, they are fairly straightforward:

gedurft gekonnt gemocht gemusst gesollt   gewollt

Modal verbs can sometimes be used on their own:

Du kannst sehr gut Deutsch.	*You can (speak) German very well.*
Birgit wollte gestern nach Berlin.	*Birgit wanted to go to Berlin yesterday.*
Ich hab's gekonnt!	*I was able to do it!*

But they usually need a second verb, and this goes at the end of the sentence or clause:

Karin und Gerd **mussten** gestern Abend bis 22 Uhr im Büro **arbeiten**.

To express *would like/should like* you use a special form of mögen (like the simple past tense but with an umlaut):

Möchtet ihr heute Abend bei uns essen?

Would you like to eat at our place tonight?

Ich **möchte** im Sommer nach New York fliegen.

I'd like to fly to New York in the summer.

2 Using the genitive

People tend to use different kinds of language or 'registers' depending on factors such as the degree of formality or informality required in a given situation. In this **Lektion** recordings 1 and 3 take place between friends and are therefore relatively informal. Recording 2 is an interview between strangers and therefore has a much more formal feel to it.

One of several factors that makes this recording more formal is the use of the genitive case in two instances:

Das wäre **meines Erachtens** nicht zu viel verlangt.

In der Zwischenzeit wächst die Zahl **der Restaurants**, die ...

Other examples of the genitive from this **Lektion** include:

Ich bin **der Ansicht**, dass ...

Ich bin ganz **Ihrer Meinung**, dass ...

The genitive in German often covers the meaning of *of* in English. It is also often used to denote possession or ownership.

The forms of the genitive are fairly easy to remember. The masculine and neuter singular forms make up one group. They require an **-(e)s** on the article or possessive and on the noun:

Die Schwester mein**es** Freund**es**   Das Auto Ihr**es** Vaters
Die Mutter d**es** Kind**es**

The feminine singular and all the plural forms make up another group. They require an **-er** on the article or possessive:

Der Bruder mein**er** Freundin   Die Wohnung Ihr**er** Mutter
Das Haus d**er** Eltern

Instead of using the genitive, you can often use **von** + dative. The effect is then less formal:

Die Schwester von mein**em** Freund   Die Wohnung von Ihr**er** Mutter
Das Haus von d**en** Eltern

EXTRA-TIP: Expressing opinions – more examples

Agreeing	Ich teile Ihre Meinung.	*I share your opinion.*
	Darüber sind wir uns einig.	*We're in agreement on that.*
Disagreeing	Hier gehen unsere Meinungen auseinander.	*On this point we beg to differ.*
	Da liegst du völlig falsch!	*You're quite wrong there!*

Conceding a point before going on to put a counter-argument

	Das mag wohl sein, aber ...	*That may well be, but ...*
	Das sehe ich schon ein, aber ...	*I do see that, but ...*
	Sicher, aber ...	*Sure, but ...*

Expressing lack of opinion or indifference

	Das ist mir (alles) egal.	*It's all the same to me.*
	Das ist mir alles Wurscht.	*I really don't give a damn.*
	Na, und?	*OK, so what?*

✂ Mehr Übungen

1 Wie heißt das auf Deutsch?

How would you say the following phrases in German:

(a) What is your opinion on … ?
(b) What do you think of … ? (Mention at least two possibilities)
(c) We have to contradict you on that.
(d) Is that correct in your estimation?
(e) Do you share my opinion?
(f) There is certainly something in that.
(g) They are quite wrong on that.
(h) We do see that, but …

2 Üben Sie Endungen im Genitiv

Add the appropriate endings. Note that sometimes no ending is needed.

a) Die Gefahren d__ Rauchen_ sind bekannt. b) Die Tochter mein__ Bruder_ ist in einem Tennisclub. c) Der Trainer d__ Fußballmannschaft__ ist sehr populär. d) Der Vater ihr__ Mann_ war ein bekannter Sportler. e) Ich bin da ganz dein__ Meinung_. f) Mein__ Erachten_ sind die Preise für den Fitnessclub viel zu hoch. g) Die Namen mein__ beiden Brüder__ willst du wissen? h) Was sollte man denn Ihr__ Meinung nach tun?

3 Aus dem Radio: Alkoholismus in Deutschland

i) Listen to this radio broadcast and fill in the missing words.

Auf einem Kongress in a) _____ hat der Präsident der deutschen Ärztekammer gestern vor den Gefahren des b) _____ zunehmenden Alkoholismus gewarnt. Er wies darauf hin, dass das c) _____ unbemerkt von der Öffentlichkeit ständig anwachse. Die d) _____ der Alkoholtoten liege etwa e) _____ so hoch wie die der Drogentoten. Insgesamt gebe es in f) _____ g) _____ bis h) _____ Millionen Alkoholkranke. Auch die Folgeschäden i) _____ Alkoholmissbrauchs, wie Leberzirrhose, Hirnabbau und verschiedene j) _____erkrankungen werden nach seiner Einschätzung von den meisten k) _____ verkannt.

die Kammer (-n)	*chamber*
hinweisen auf (sep.)	*to point out*
anwachsen	*to grow, increase*
der Folgeschaden (-ˡˡ)	*harmful effect*
der Missbrauch (-ˡˡe)	*abuse*
die Leberzirrhose (-n)	*cirrhosis of the liver*
der Hirnabbau	*brain damage (lit. brain reduction)*
verkennen	*to fail to appreciate/recognize*

Note the formal style of these items from a radio newscast. This is typical of news reporting both in newspapers and on radio and TV. One of the features of this style is the frequent use of the genitive, e.g.

… der Präsident der deutschen Ärztekammer … *the President of the German Chamber of Doctors*

ii) There are four more examples. Can you find them?

 4 Und jetzt Sie!

Anita und Jürgen talk about health risks caused by smoking and drinking. Complete the dialogue with the help of the English prompts.

Jürgen   Sag mal, Anita, warum hast du denn plötzlich das Rauchen aufgegeben?

Anita   *Tell him that you were concerned about your health. Also, your husband is allergic to smoke.*

Jürgen   Stört es dich jetzt, wenn andere Leute in der Öffentlichkeit rauchen?

Anita   *You say yes, very much. Tell him that you think smoking should be forbidden in public places, especially in restaurants when people are eating.*

Jürgen   War es nicht schwierig, den guten Vorsatz durchzuhalten?

Anita   *You say yes. Ask him whether he has cut back on his alcohol consumption.*

Jürgen   Ein wenig. Aber ich möchte es ganz aufgeben.

Anita   *Ask him if he had been concerned about the harmful effects of alcohol abuse.*

Jürgen   Ja. Das war auch der Grund, warum ich mich entschlossen habe, vollkommen aufzuhören. Ich habe nämlich Angst vor Krebs und Leberzirrhose.

Lesetexte

Texte A + B: Gesundheitstips

Lesen Sie die folgenden zwei Texte und beantworten Sie die Fragen.

Text A: Alkoholkater – Honig vor dem Schlafengehen

Wer abends oder nachts zu viel Alkohol getrunken hat, sollte vor dem Schlafengehen einen Teelöffel Bienenhonig zu sich nehmen – empfehlen Mediziner der Universität New York. Am nächsten Morgen hat man dann weder Kopfschmerzen noch Schwindelgefühle. Wer beim Trinken auch noch raucht, sollte den Honig mit dem Saft einer Zitrone mischen und mit etwas Mineralwasser aufgießen.

Text B: Cholesterin – jeden Tag 2 Gläschen Rotwein

Menschen mit hohem Cholesterinspiegel sollten jeden Tag zwei Gläschen Rotwein trinken – empfehlen amerikanische Wissenschaftler der Cornell-Universität in Ithaca. Sie entdeckten im Rotwein einen Stoff (Resveratol), der Cholesterin bindet. Am meisten davon ist im roten Bordeaux enthalten.

(a)   Was sollten Leute mit einem hohen Cholesterinspiegel machen?
(b)   Wie heißt der Stoff, der Cholesterin bindet?
(c)   Was kann man machen, wenn man zu viel Alkohol getrunken hat?
(d)   Was hat man dann nicht am nächsten Morgen?

der Kater	*hangover*
weder ... noch ...	*neither ... nor ...*
das Schwindelgefühl (-e)	*feeling of dizziness*
(mit Mineralwasser) aufgießen	*to pour (mineral water) on*
der Cholesterinspiegel (-)	*cholesterol level*
der Wissenschaftler/in (- /-nen)	*scientists*
entdecken	*to discover*
der Stoff (-e)	*substance*
binden	*(here) to take up*

Text C: Raucher oder Nichtraucher?

Here is an advertisement for a service offered by a car rental firm. Read the text and pay special attention to the following points:

(a) what kind of service the company offers
(b) where the service can be offered
(c) where you can book the service
(d) what is said about the company

Ein netter Zug von Deutschlands Nummer 1:
„Raucher" oder „Nichtraucher" – ganz wie Sie wollen

Als einzige Autovermietung bietet Ihnen interRent Europcar an fast allen Verkehrsflughäfen einen ganz besonderen Service: Neben vielen Fahrzeugen, in denen Sie rauchen können, haben wir auch ein Modell für Nichtraucher reserviert. Wenn Sie also einen Mietwagen wünschen, in dem garantiert nicht geraucht wurde, kommen Sie zu Deutschlands Autovermietung Nummer 1 und fragen nach dem Nichtraucher-Service. Reservierungen an einer unserer über 400 Stationen, im Reisebüro oder rund um die Uhr zum Nulltarif unter 0130/2211.

(Der Spiegel)

Deutschlands Autovermietung Nummer 1

7 BERLIN IST EINE REISE WERT

Lernziele

In this unit you will learn how to:

■ make travel arrangements and make polite requests
■ understand and give directions
■ talk about Berlin and its attractions
■ use prepositions (+accusative and/or dative)
■ form indirect questions

Aufnahme 1

Was kostet ein Flug nach Berlin?

Silke möchte nächste Woche nach Berlin fliegen. Sie ist in einem Reisebüro und fragt, wann es Flüge gibt und was sie kosten.

Hören Sie den Dialog und beantworten Sie dann die Fragen in Übung 1.

Silke Guten Tag. Ich hätte gern gewusst, ob es abends nach 18.00 Uhr Flüge nach Berlin gibt.

Frau Jahn Sonntags bis freitags kann man um 19.20 Uhr mit British Airways ab Münster/Osnabrück nach Berlin Tegel fliegen. Sonnabends ist der letzte Flug um 14.20 Uhr. An welchem Tag wollen Sie denn fliegen?

Silke Am kommenden Freitag, wenn es geht. Um wie viel Uhr kommt die Maschine in Berlin Tegel an?

Frau Jahn Um 20.25 Uhr. Ich sehe mal auf dem Computer nach, ob noch Plätze frei sind. (*Sie sieht auf dem Computer nach*) Ja, Sie haben Glück, es sind noch Plätze frei. Für wie viel Personen?

Silke	Für mich alleine. Dann müsste ich auch noch wissen, ob ich Sonntagabend oder Montag früh zurückfliegen könnte.
Frau Jahn	Also, sonntagabends startet der letzte Flug um 17.40 Uhr und montags ist der erste Flug um 6.50 Uhr – Ankunft in Münster/ Osnabrück um 8.00 Uhr.
Silke	Mmm. 8.00 Uhr am Flughafen. Dann wäre ich erst gegen 9.00 Uhr im Büro. Aber ich glaube, das wäre nicht so schlimm, wenn ich noch vorher mit meiner Chefin rede. Was kostet der Hin- und Rückflug?
Frau Jahn	480 Mark.

 Übung 1

Beantworten Sie die Fragen

(a) Wann möchte Silke nach Berlin fliegen?
(b) Um wie viel Uhr geht wochentags der letzte Flug?
(c) Wann kommt die Maschine in Berlin an?
(d) Wann möchte Silke zurückfliegen?
(e) Was muss sie noch tun?

Ich hätte gern gewusst ...	*lit. I would have liked to know ...*
sonnabends	*On Saturdays.* **Sonnabend** is frequently used in North Germany instead of **Samstag**.
nachsehen (sep.)	*to have a look (to see)*
dann müsste ich wissen	*then I would have to know ...*
die Ankunft (-¨e)	*arrival*
der Hin- und Rückflug (-¨e)	*return flight*

 Übung 2

Wie heißt das im Text?

Finden Sie für die Wörter *in kursiv* die Ausdrücke im Text mit den gleichen Bedeutungen.

Beispiel: am *nächsten* Freitag – am **kommenden** Freitag

(a) wenn es *möglich ist* –
(b) *das Flugzeug* –

(c) *es gibt noch* Plätze –
(d) *geht* der letzte Flug –
(e) das wäre *kein Problem* –
(f) *Wie teuer ist* ... –

ABFLUG VON BERLIN					FLUGHAFEN			ANKUNFT IN BERLIN			
6.35	TXL	Mo-Fr	BA	3181	7.50	**München**	6.35	Mo-Fr	LH	6650	TXL	7.55
6.40	TXL	Mo-Fr	LH	6651	8.00		7.00	Mo-Sa	BA	3198	TXL	8.20
8.25	TXL	Mo-Sa	BA	3182	9.40		7.35	Mo-Sa	LH	6252	TXL	8.55
8.40	TXL	täglich	LH	6655	10.00		7.00	Mo-Fr	NS	630	THF	9.25
10.00	THF	Mo-Fr	NS	631	11.45		8.35	täglich	LH	6654	TXL	9.55
10.40	TXL	täglich	LH	6659	12.00		8.45	Mo-Fr	BA	3182	TXL	10.05
11.45	TXL	täglich	LH	6665	13.05		10.25	Mo-Sa	BA	3184	TXL	11.45
12.40	TXL	So-Fr	LH	6661	14.00		10.35	täglich	LH	6658	TXL	11.55
13.55	THF	Mo-Fr	NS	635	15.40		11.45	Mo-Fr	NS	632	THF	13.25
14.40	TXL	täglich	LH	6663	16.00		12.35	täglich	LH	6660	TXL	13.55
16.40	TXL	täglich	LH	6667	18.00		13.40	täglich	LH	6664	TXL	15.00
17.00	TXL	So-Fr	BA	3193	18.15		14.35	So-Fr	LH	6662	TXL	15.55
17.55	TXL	So-Fr	LH	6269	19.15		16.10	Mo-Fr	NS	636	THF	17.50
18.15	THF	Mo-Fr	NS	637	20.45		16.35	täglich	LH	6666	TXL	17.55
18.40	TXL	täglich	LH	6671	20.00		18.35	So-Fr	LH	6670	TXL	19.55
19.55	TXL	So-Fr	LH	6273	21.15		18.55	So-Fr	BA	3194	TXL	20.15
20.35	TXL	So-Fr	BA	3197	21.50		20.05	So-Fr	LH	6272	TXL	21.25
20.35	TXL	So-Fr	LH	6675	21.55		20.35	täglich	LH	6674	TXL	21.55
6.50	TXL	Mo-Fr (Sa: 7.30)	BA	3161	8.00	**Münster/**	8.30	Mo-Fr (Sa: 9.10)	BA	3162	TXL	9.35
11.35	THF	Mo-Fr	VG	113	12.35	**Osnabrück**	14.20	Mo-Fr	VG	114	THF	15.20
17.40	TXL	So-Fr	BA	3165	18.50		19.20	So-Fr	BA	3166	TXL	20.25

TIP 1: Indirect questions

A polite way in German to ask a question – for instance when you inquire in a shop – is to use what is called in English an indirect question. Look at the following examples:

Was kostet der Flug ? → Können Sie mir sagen, was der Flug kostet?

Wann kommt die Maschine an? → Wissen Sie, wann die Maschine ankommt?

As you can see, an indirect question is often preceded by an introductory question, e.g. **Können Sie mir sagen ... ? Wissen Sie ...?**. Note that the verb goes to the end of the clause.

Direct questions which start with a verb and not a question word (**wo, wann, was**, etc.) add **ob** *whether* when transformed into an indirect question:

Gibt es einen Flug nach 19.00 Uhr? →
Wissen Sie, ob es einen Flug nach 19.00 Uhr gibt?

There are three examples where ob is used in Aufnahme 1. Can you find them?

TIP 2: Konjunktiv II (a)

You might have wondered what form the verbs **wäre** and **hätte** are. They are examples of subjunctive form in German, called the **Konjunktiv II**.

The Konjunktiv II is mainly used for two purposes:

1) to indicate what might happen:
   Dann wäre ich erst gegen 9.00   *Then I wouldn't be at the office*
   Uhr im Büro.   *till about 9.00 am.*

2) to add a degree of politeness:
   Könnten Sie mir helfen?   Could you help me?

Note that verbs in the Konjunktiv frequently appear in indirect questions:
Könnten Sie mir sagen, wie spät es ist?

For more details look at the grammar section.

☑ Übung 3

Nicht so formell, bitte!

Put the verbs in the subjunctive back into the present tense form.

Beispiel: Könnte ich Montag früh zurückfliegen?
            Kann ich Montag früh zurückfliegen?

(a) Wäre es möglich, die Spätmaschine zu nehmen?
(b) Ich müsste noch mal mit dem Reisebüro sprechen.
(c) Dürfte ich Ihr Telefon benutzen?
(d) Wissen Sie, wie teuer es mit dem Taxi wäre?
(e) Könnten Sie mir sagen, wo man in Berlin gut ausgehen kann?
(f) Hättet ihr Lust, mit ins Kino zu kommen?

☑ Übung 4

Sagen Sie es anders!

i) While on a holiday in Berlin, Caroline needs to put her knowledge of indirect questions to the test. Help her to re-formulate the following questions by using **Entschuldigung. Könnten Sie mir sagen, ...** and an indirect question.

Beispiel: Wo ist die nächste Post?
Entschuldigung. Könnten Sie mir sagen, wo die nächste Post ist?

(a) Wie weit ist es bis in die Stadtmitte?
(b) Was kostet eine Tageskarte für die U-Bahn?
(c) Wie komme ich am schnellsten nach Charlottenburg?
(d) Gibt es hier in der Nähe eine Touristeninformation?
(e) Ist das hier vorne eigentlich die Gedächtniskirche?
(f) Wo kann man hier in der Nähe gut essen gehen?

ii) Unfortunately none of the people asked were from Berlin. Answer each question for them, by starting with the phrase **Es tut mir leid, aber ich weiss nicht, ...**

Beispiel: Wo ist die nächste Post?
Es tut mir leid, aber ich weiß nicht, wo die nächste Post ist.

Aufnahme 2

Und wie komme ich zu meinem Hotel?

Am Flughafen Tegel in Berlin fragt Silke an der Information, wie sie am besten zu ihrem Hotel kommt.

Hören Sie den Dialog und unterstreichen Sie die richtige Antwort.

Übung 5

(a) Silke sagt: „Ich habe/hatte/hätte eine Frage, bitte."
(b) Vom Flughafen fährt die Buslinie 108/109/110 zum Bahnhof Zoo.
(c) Mit dem Taxi wäre es ungefähr/mindestens/wahrscheinlich das Zehnfache.
(d) Ihr Hotel liegt in der Güntherstraße/Goethestraße/Güntzelstraße.
(e) Vom Bahnhof Zoo sind es noch zwei/drei/vier U-Bahnstationen.
(f) Die Bushaltestelle ist zirka 50 Meter auf der linken/rechten Seite.
(g) Eine Fahrkarte kann man im Bus/am Automaten/am Schalter kaufen.

mit der 109	The gender is feminine, as this is an abbreviation for **die Buslinie 109**.
Bahnhof Zoo	Short for **Bahnhof Zoologischer Garten**. A major inter-section of the mainline railway, the **U-Bahn** and the **S-Bahn**.
das Gepäck	*luggage*
Es lohnt sich (nicht).	*It's (not) worth it.*
zirka	*about*
die Bushaltestelle (-n)	*bus stop*
lösen	*to buy, obtain (a ticket)*

TIP 3: Directions and prepositions

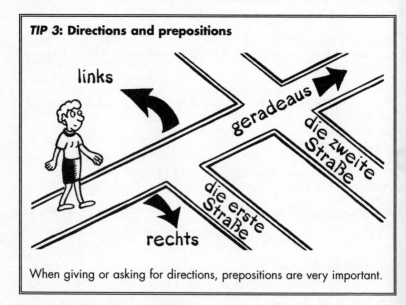

When giving or asking for directions, prepositions are very important.

Here are some points to remember:

1 When asking for a location or building you often need to use **zu**:

> Wie komme ich **zum** Bahnhof?

If you are actually entering a location or building you usually use **in**:

> Gehen wir **ins** Kino?

2 You probably remember that prepositions require a certain case. The following *always* need a) the accusative and b) the dative:

a) accusative:	bis, durch, für, gegen, ohne, um, entlang
b) dative:	aus, bei, mit, nach, seit, von, zu, gegenüber, außer

3 There are also a number of prepositions which take the accusative when movement towards a place is implied, and the dative when the emphasis in on location or position:

acc./dative	an, auf, hinter, in, neben, über, unter, vor, zwischen

Here are some examples:

Gehen Sie **auf die** linke Seite.   Das Museum ist **auf der** linken Seite.
Wie komme ich **ins** Stadtzentrum?   **Im** Stadtzentrum kann man gut essen.

Note the verbs which usually indicate movement: **gehen, kommen, überqueren, fahren**. Most other verbs, e.g. **sein, liegen, sich befinden**, put the emphasis on location.

Übung 6

Akkusativ oder Dativ?

Identify i) the preposition in the following sentences and ii) explain why the accusative or dative is used.

Beispiel: Die Kneipe ist direkt neben dem Kino.
　　　　　→ i) *The preposition is **neben**.*
　　　　　→ ii) *Because of **sein** (here: ist), it requires the **dative**.*

(a) Ist das der Weg zum Bahnhof?
(b) Gehen Sie über die Kreuzung und dann immer geradeaus.
(c) Wie komme ich am besten in die Stadt?
(d) Die Touristeninformation befindet sich im Bahnhof.
(e) Die Kneipe ist direkt neben der Kirche.
(f) Vom Flughafen nehmen Sie am besten den Zug.

DEUTSCHLAND-INFO

Berlin

Since 1990 Berlin has been the capital city of Germany, following the fall of the Berlin Wall in November 1989 and the subsequent re-unification of Germany. In 1999 the Federal German Parliament, **der Bundestag**, moved to Berlin, to the old Reichstag, imaginatively reconstructed in the shell of the former building by the British architect, Sir Norman Foster.

Today Berlin is a multicultural metropolis with a wide range of attractions for residents and visitors alike. From the exciting nightlife reminiscent of the Berlin of the Twenties to world-class opera, orchestras, galleries and museums – there is something for every taste in this fascinating city.

 Aufnahme 3

Berlin ist eine Reise wert!

Frau Heine ist Touristenführerin in Berlin. In einem Radio-Interview erzählt sie, wie sie nach Berlin kam, warum es ihr hier gefällt, und welche Tips sie Touristen geben würde.

Hören Sie den Dialog und beantworten Sie die Fragen:

Übung 7

(a) Seit wann lebt Frau Heine in Berlin?
(b) Was mag sie an den Berlinern?
(c) Wann wurde Berlin zu einer wirklichen Weltstadt?
(d) Was folgte nach den „Goldenen Zwanzigern"?
(e) Welche Kunst kann man im Brücke-Museum sehen?
(f) Was bietet Berlin Leuten, die zum Einkaufen kommen?

Hier sind einige Schlüsselwörter:

die Eigenschaft (-en)	*characteristic, feature*
die Möglichkeit (-en)	*opportunity*
bieten	*to offer*
die Teilung (-en)	*division*
Es hängt davon ab …	*It depends on …*
edel	*noble*

Journalist Frau Heine, Sie arbeiten als Touristenführerin in Berlin. Sind Sie denn eigentlich auch eine richtige Berlinerin?

Frau Heine Nein, ich bin in Nürnberg geboren, lebe aber schon seit über 20 Jahren in Berlin. Ich habe damals an der FU, an der Freien Universität, studiert und mir hat Berlin so gut gefallen, dass ich dann nach meinem Studium gleich hier geblieben bin.

Journalist Was hat Ihnen denn so gut gefallen?

Frau Heine Nun, zum einen die Berliner selber. Ich finde, die Leute haben Humor und sagen offen, was sie denken, das ist eine Eigenschaft, die ich sehr mag. Gut, manchmal können sie auch etwas unfreundlich wirken, aber im Allgemeinen sind die Menschen humorvoll und auch tolerant.

Journalist Hat sich denn Berlin in den Jahren stark verändert?

Frau Heine Ja, das kann man wohl sagen. Aber das war schon immer typisch für diese Stadt. Sehen Sie, im 19. Jahrhundert war Berlin eigentlich nur ein großes Dorf. Erst nach dem 1. Weltkrieg – in den „Goldenen Zwanzigern" – wurde es zu einer wirklichen Weltstadt. Danach folgten 12 Jahre Diktatur der Nationalsozialisten. Und nach dem Krieg der Wiederaufbau, 1961 der Mauerbau und die Teilung. Seit dem Fall der Mauer 1989 ist Berlin aber wieder das wirkliche Zentrum von Deutschland.

Journalist Was würden Sie denn einem Touristen empfehlen?

Frau Heine Tja, es hängt davon ab, welche Interessen jemand hat. Wer sich für Kultur interessiert, für den bietet die Stadt natürlich fantastische Möglichkeiten: Museen, wie die Neue Nationalgalerie oder das Brücke-Museum, wo man expressionistische Kunst zeigt. Wer sich für Geschichte oder für Preußen interessiert, kann zum Beispiel das Deutsche Museum besuchen. Und wer nur zum Einkaufen kommt, dem bietet Berlin fast alles – von eleganten Kaufhäusern wie dem KaDeWe und edlen Boutiquen, bis zu alternativen Läden. Und die etwas jüngeren – die können nach Kreuzberg oder zum Prenzlauer Berg gehen, wo es viele Szene-Kneipen, Restaurants und Clubs gibt.

☑ Übung 8

Wie heißt das?

Finden Sie im Dialog die deutschen Wörter für:

(a) history
(b) village
(c) Prussia
(d) the great war
(e) expressionist art
(f) "Golden Twenties"
(g) re-building
(h) fall of the Wall
(i) shopping
(j) "in" pubs

Übung 9

Lesen Sie den Text noch einmal und ergänzen Sie.

(a) Frau Heine ist nach ihrem Studium …
(b) Sie schätzt an den Berlinern, dass …
(c) Sie erklärt, dass Berlin erst nach …
(d) Nach den „Goldenen Zwanzigern" folgten …
(e) Seit 1961 gab es …
(f) Sie sagt, dass man im Brücke-Museum …
(g) Wer zum Shoppen kommt, dem …
(h) Am Prenzlauer Berg gibt es …

Grammatik

1 Indirect questions

You've already seen how indirect questions can be used as a politer way of requesting information:

> Könnten Sie mir sagen, wann der nächste Zug nach Berlin fährt?
> *Could you tell me when the next train leaves for Berlin?*

You also saw in Übung 4ii) that indirect questions are often used in reply to requests for information:

> Es tut mir leid, aber ich weiß nicht, wann der nächste Zug nach Berlin fährt.
> *I'm sorry, but I don't know when the next train is for Berlin.*

Here is a reminder of the main points:

Indirect questions are introduced either by a question word (**wann? warum? wie?**, etc.) or by **ob** *whether*. As with most subordinating clauses, the verb goes to the end of the clause. And don't forget to put a comma at the start of the indirect question.

2 Konjunktiv II

Note that the Konjunktiv II is most often used with the verbs **haben, sein** and **werden** and with the **modal verbs**.

Here are the forms for **haben, sein and werden**:

	would have	*would be*	*would* (+second verb)
ich, er/sie/es	hätte	wäre	würde
du	hättest	wärest	würdest
ihr	hättet	wäret	würdet
wir, Sie, sie	hätten	wären	würden

The forms for the modal verbs are as follows:

	might	*could*	*should like (to)*	*would have to*	*should*	*would want (to)*
ich, er/sie/es	dürfte	könnte	möchte	müsste	sollte	wollte
du	dürftest	könntest	möchtest	müsstest	solltest	wolltest
ihr	dürftet	könntet	möchtet	müsstet	solltet	wolltet
wir, Sie, sie	dürften	könnten	möchten	müssten	sollten	wollten

You will recall from *TIP 2* that the Konjunktiv II is used a) to say what might happen and b) to add a degree of politeness:

(a) Dann **hätte** ich zu viel Arbeit.   *Then I'd have too much work.*
    Das **wäre** nett von Ihnen.   *That would be nice of you.*
    Dann **würde** ich nicht gehen.   *Then I wouldn't go.*

(b) **Dürfte** ich einen Bonbon haben? *Might I have a sweet?*
    Möchtest du ein Eis?   *Would you like an ice-cream?*
    Du **solltest** mehr Sport treiben. *You should do more sport.*

✅ Mehr Übungen

1 Was fehlt?

Ergänzen Sie:

(a) Das Opernhaus liegt gegenüber d__ Humbold-Universität. (b) Gehen Sie über d__ Kreuzung bis z__ Goethe-Platz. (c) Das Café Marina? Das liegt gleich hinter d__ Kirche. (d) Z__ Museum für Deutsche Geschichte wollen Sie? Da fahren Sie am besten mit d__ U-Bahn. (e) Gehen Sie hier um d__ Ecke. Da finden Sie auf d__ rechten Seite einen Supermarkt. (f) Die Buchhandlung liegt zwischen d__ Bäckerei und d__ Secondhandgeschäft. (g) Wenn Sie hier durch d__ Tiergarten gehen, stehen Sie fast direkt vor d__ Reichstag.

2 Und jetzt Sie!

With the assistance of the English prompts play the role of the person giving directions. Note that in German street-names ending in **-er** do not change their endings (**Konstanzer Straße, Düsseldorfer Straße** etc.) but street-names ending in **-isch** take the normal adjectival endings (eg **Gehen Sie rechts in die Bayerische Straße; Wir stehen hier in der Bayerischen Straße**)

Tourist Entschuldigen Sie, bitte. Wie komme ich zur Pariser Straße?

Sie *Tell him that you're now in Brandenburgische Straße. Ask whether he can see the traffic lights at the next crossroads.*

Tourist Ja, die sehe ich.

Sie *Tell him to go right there into Düsseldorfer Straße. After about 300 metres he'll come to Konstanzer Straße. He should go over Konstanzer Straße, straight on for perhaps 300 metres till he gets to Bayerische Straße. Go left at this crossroads into Bayerische Straße.*

Tourist Moment, bitte. Was sagten Sie? Hier rechts, dann geradeaus bis zur Düsseldorfer Straße, über die Düsseldorfer Straße und weiter geradeaus bis zur Bayerischen Straße. Dann rechts.

Sie *Tell him, no, not right but left into Bayerische Straße. Then about one kilometre further on he'll come to Pariser Straße.*

Tourist Vielen Dank.

Sie *You say that he's welcome.*

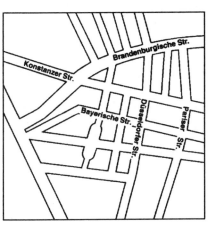

3 Schreiben Sie einen Dialog!

You are working in Berlin and need to make a business trip to Munich on Wednesday of next week. Before you phone your travel agent you decide to draw up in German a list of questions. You will want to know when the first plane leaves for Munich, which airline (**die Fluglinie**) this is with, when this flight arrives in Munich, when the last Lufthansa flight leaves Munich for the return journey and when you will arrive back in Berlin.

When you write down your list of questions, leave room for the travel agent's answers. Using the flight schedule on page 103, write down what you think the travel agent would say. You should end up with a complete dialogue between yourself and the travel agent.

Try to use indirect questions and some expressions with the Konjunktiv II. A model version is given in the answer section, but your own answers may vary slightly from those given.

Lesetext

Kurzreise nach Berlin

Here is a leaflet advertising a short break in Berlin for people from Münster. Read the text to see what is on offer, paying special attention to the following points:

(a) What is on the plan for the four days in Berlin.
(b) What is included in the price of the trip.
(c) Additional information concerning the booking of tickets for the theatre and other cultural events.

EZ = Einzelzimmer	
der EZ-Zuschlag (-¨e)	single room supplement
der Reiseverlauf (-¨e)	tour plan; lit: tour course
Änderungen vorbehalten	subject to alteration; lit: alterations reserved
die Zusteigemöglichkeit (-en)	pick-up point; lit: getting on possibilities
einrichten (sep.)	to arrange
belegen	to occupy (a room)
zur freien Verfügung (stehen)	(to be) free; lit: at the free disposal
die Besichtigung (-en)	sightseeing
die Führung (-en)	guided tour
die Leistung (-en)	<u>here</u>: what is included. lit.: achievements
das Verkehrsamt (-¨er)	tourist information office

KURZREISE
BERLIN

BERLINFAHRT
21. – 24. Oktober
Preis: E 195, --
EZ-Zuschlag

REISEVERLAUF (Änderungen vorbehalten)

SONNTAG/MONTAGNACHT
Abfahrt um 1.00 Uhr. Zusteigemöglichkeiten
werden eingerichtet.

MONTAG Ankunft um 8.00 Uhr in Berlin
zu einem reichhaltigen Frühstücksbuffet im
Café Kranzler. Zimmerbelegung. Kleine
Stadtrundfahrt mit ersten wichtigen
Informationen.
Ansonsten steht der Nachmittag zur freien
Verfügung. Abends gemeinsames Abendessen.

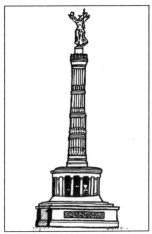

DIENSTAG Große Stadtrundfahrt mit Besuchen und Besichtigungen.
Abends gemeinsames Abendessen.

MITTWOCH Besichtigung des Schlosses Charlottenburg mit Führung.
Nachmittag und Abend zur freien Verfügung.

DONNERSTAG Besuch in Potsdam. Gem. Mittagessen. Rückfahrt gegen
15.00 Uhr.

Es empfiehlt sich eine rechtzeitige Buchung von Theaterkarten.

**INFORMATIONEN UND
ANFRAGEN**
Theater- und Kulturprogramm über:
Agentur Otfried Laur,
Hardenbergstr. 7, 10623 Berlin
Tel. 030-3137007
Eintrittskarten für alle Veranstaltungen
können dort bestellt werden!

LEISTUNGEN
Busfahrt hin und zurück,
3 Übernachtungen mit Frühstück,
1 Frühstücksbuffet am Ankunfts-
morgen, 3 warme Mahlzeiten, gem.
Programm, Reisebegleitung während
der ganzen Reise, Komfort-Reisebus.
Eine Mindestteilnehmerzahl ist
erforderlich!

„MIT KOLPING REISEN"
Kolpingwerk, Krumme Str. 9
48143 Münster Tel. 0251/4 24 38

Weitere Informationen:
Verkehrsamt Berlin, Europa Center
Tel. 030/211234

8 | TYPISCH DEUTSCH?

Aufnahme 1

Darren aus Großbritannien und Martin aus Deutschland unterhalten sich über typisch deutsche Eigenschaften. Was ist Darren in Deutschland aufgefallen?

Hören Sie die Audio-Aufnahme und machen Sie dann Übung 1.

Martin Ich habe gehört, deine Mutter ist Deutsche. Hast du denn schon früher mal in Deutschland gelebt?

Darren Nein, ich bin zum ersten Mal hier in Deutschland. Meine Mutter hat aber meistens Deutsch mit mir gesprochen und mir auch viel über deutsche Geschichte, Kultur und das tägliche Leben erzählt, worüber ich natürlich sehr froh bin. Aber weißt du, besonders neugierig war ich darauf, diese sogenannten typisch deutschen Eigenschaften zu entdecken.

Martin Welche Eigenschaften meinst du denn damit?

Darren Naja, zum Beispiel hat meine Mutter immer gesagt, dass kein Volk so fleißig sei wie die Deutschen, das würde man ja schon daran sehen, dass sie so früh morgens aufstehen. Und natürlich wäre das Wirtschaftswunder nie möglich gewesen, wenn die Deutschen nicht so arbeitsam wären!

Martin Das glaube ich dir gern. Ja, und hat dir deine Mutter auch erzählt, dass die Deutschen so ordnungsliebend und sauber sind?

Darren Genau! Aber da muss ich dir sagen, das habe ich auch festgestellt. Ich finde, die Häuser und Straßen in Deutschland sehen viel sauberer und gepflegter aus als in England.

Martin Ja, manchmal habe ich das Gefühl, dass wir es ein bisschen übertreiben. Hast du denn sonst noch Unterschiede bemerkt?

Darren Mir ist besonders aufgefallen, dass man hier in Deutschland viel mehr Aufwand betreibt, wenn es um gewisse Anlässe geht, wie zum Beispiel Weihnachten, Ostern und so weiter. Die Leute hier machen sich so viel Arbeit mit den ganzen Vorbereitungen für das Fest, wie Dekoration, Essen kochen, Kuchen und Plätzchen backen. Und auch bei Geburtstagen wird viel mehr gefeiert, und die Leute schicken sich Karten, auch wenn sie nicht zusammen feiern. Das ist in England weniger der Fall.

Übung 1

Richtig oder falsch?

Korrigieren Sie die falschen Aussagen.

(a) Darren war schon oft in Deutschland.
(b) Seine Mutter hat ihm viel über das Leben in Deutschland erzählt.
(c) Sie sagte ihm, dass die Deutschen sehr fleißig waren.
(d) Außerdem erklärte sie ihm, dass die meisten Leute spät aufstehen.
(e) Darren findet die Häuser in Deutschland ähnlich wie in Großbritannien.
(f) Ihm ist aufgefallen, dass die Menschen weniger feiern.
(g) Auch schickt man sich weniger Karten.

die Eigenschaft (-en)	characteristic
arbeitsam	hard-working
das Wirtschaftswunder (-)	the economic miracle
ordnungsliebend	liking to see things neat and tidy
gepflegt	well-kept
der Aufwand	expenditure (in time/money)
der Anlass (¨e)	occasion

✒ Übung 2

Wie sagt man das?

Lesen Sie den Text und finden Sie ein passendes Adjektiv.

Beispiel: die Leute arbeiten viel – sie sind *fleißig*

(a) eine Person ist glücklich – eine Person ist _____
(b) die Deutschen arbeiten hart – sie sind _____
(c) jemand macht, was im Gesetz steht – jemand ist _____
(d) es gibt keinen Dreck – es ist _____
(e) man kümmert sich um den Garten – der Garten sieht _____ aus.

TIP 1: Comparative

Remember that the comparative in German is formed by adding **-er** to the adjective:

klein – Die Schweiz ist viel klein**er** als Österreich.

hektisch – Das Leben in der Stadt ist hektisch**er** als auf dem Land.

Many adjectives with only one syllable also need an umlaut in the comparative:

kalt → kälter, dumm → dümmer, groß → größer

A few adjectives are slightly irregular:

gut → besser, hoch → höher, gern → lieber, viel → mehr

Another way of comparing things is to use the expressions **ähnlich ... wie ...** (*similarly ... to*), **genauso ... wie ...** (*just as ... as*) or **nicht so ... wie ...** (*not as ... as ...*):

Ist vieles in Deutschland nicht ähnlich teuer wie in Großbritannien?
Die Fahrt mit der Bahn ist genauso teuer wie mit dem Flugzeug.
Die Deutschen sind aber nicht so arbeitsam wie viele denken.

There are several examples of the comparative form in the dialogue. Can you find at least two?

TIP 2: Adjectival endings

Adjectival endings are often seen as a difficult area in German. The problem is that they might occur in four different ways in one sentence, each time needing slightly different endings. Note the four different categories:

---

1 The adjective is not preceded by an article or possessive:
     Trinkst du gern *deutsches* Bier?
2 The adjective follows an indefinite article or a possessive:
     Sie führt ein *interessantes* Leben.
3 The adjective is preceded by a definite article.
     Der *neue* Minister kommt aus Köln.
4 The adjective stands on its own:
     Die Leute sind sehr *freundlich*.

The last example is the easiest one, as no endings are needed. In the other three instances you have to consider the gender, case and which – if any – article is used. But it is not as complicated as you might think, as the endings are quite often the same across categories and cases. If you practise, then you will eventually get a feel for what is correct.

Here you can see how the endings for the **definite articles** go:

	masculine	feminine	neuter	plural
nom.	-e der nette Mann	-e die nette Frau	-e das nette Kind	-en die netten Leute
acc.	-en den netten Mann	-e die nette Frau	-e das nette Kind	-en die netten Leute
gen.	-en des netten Mannes	-en der netten Frau	-en des netten Kindes	-en der netten Leute
dat.	-en dem netten Mann(e)	-e der netten Frau	-en dem netten Kind	-en den netten Leuten

Lerntip

As you can see, all the endings after the definitive articles are either **-e** or **-en**. In the nominative and accusative singular you add an **-e** (with the exception of **-en** in the masculine accusative). All others need **-en**.

☑ Übung 3

Stereotype, Stereotype!

Stereotype gibt es nicht nur zwischen verschiedenen Nationen, sondern auch in einem Land. Die folgenden Beispiele stammen aus Deutschland. Setzen Sie die Adjektive in den Komparativ.

Viele Leute denken,

(a) die Schwaben sind _fleißiger_ als die anderen Süddeutschen. (fleißig)
(b) die Leute aus Bayern sind _____ als die Norddeutschen. (gastfreundlich)
(c) die Menschen aus Hamburg sind _____ als Ostdeutsche. (tolerant)
(d) Leute aus Ostdeutschland sind _____ als Leute aus Berlin. (herzlich)
(e) Berliner sind _____ als die Sachsen. (weltoffen)
(f) Menschen aus Sachsen sind _____ als Schwaben. (humorvoll)

Gibt es ähnliche Stereotype auch in Ihrem Land?

☑ Übung 4

Adjektivendungen

Ergänzen Sie die richtigen Endungen. Alle Beispiele sind aus Lektionen dieses Buches.

(a) Die deutsch… Wirtschaft kann nicht alle Akademiker beschäftigen.
(b) Reisen ist einer der attraktivst… Aspekte bei meiner Arbeit.
(c) Ich bin gern auf dem Laufenden, was die neu… Filme angeht.
(d) Das Theater finden Sie auf der link… Seite.
(e) Als Radfahrer muss man die ganz… Abgase von den viel… Autos einatmen.
(f) Berlin ist wieder das wirklich… Zentrum von Deutschland.
(g) Für die jünger… Leute gibt es am Prenzlauer Berg viele Szene-Kneipen.

Aufnahme 2

Ausbildung in Deutschland und Großbritannien – Ein Vergleich

Hören Sie den Dialog und unterstreichen Sie die richtige Antwort.

Übung 5

(a) Darren meint, dass Deutsche und Engländer ähnlich/unterschiedlich/ sehr verschieden sind.

(b) Er sagt, die Ausbildung in Deutschland ist schnell/zu lange/gründlich.

(c) Leute ohne Abitur bekommen einen guten/schlechten Start ins Berufsleben.

(d) In Großbritannien ist es genauso/ähnlich/weniger streng geregelt.

(e) In Deutschland fördert man auch Sport/Mathematik/Fremdsprachen.

(f) Martin meint, dass die Deutschen viel/wenig Wert auf den Doktortitel legen.

(g) Er glaubt, dass der Leistungsdruck in der Schule hoch/nicht so hoch ist.

Übung 6

Sagen Sie's auf Deutsch!

Lesen Sie jetzt den Dialog auf Seite 171, finden Sie die deutschen Ausdrücke und überprüfen Sie dann Ihre Antworten auf der Audio-Aufnahme.

(a) Just take as an example training in Germany.

(b) So much emphasis is put on qualifications.

(c) The other side of the coin is, however, the pressure to work harder.

(d) I don't know where this will lead to.

(e) I think that the Germans in general tackle their leisure activities much more systematically.

(f) There is certainly a grain of truth in that.

(g) You don't strike me as the typical German.

die Gründlichkeit	*thoroughness*
gründlich	*thorough(ly)*
nimm doch nur mal ...	*just take ...*
regeln	*to regulate, settle*
fördern	*to promote, support, foster*
Wert legen auf	*to attach importance to something*
die Kehrseite der Medaille	*the other side of the coin*
die Leistungsanforderung (-en)	*demands on performance*
der Leistungsdruck	*pressure to perform, work harder*
sich erstrecken auf (+Akk.)	*to stretch to*
ein Körnchen Wahrheit	*a grain of truth*
Ausnahmen bestätigen die Regel	*the exception proves the rule*

TIP 3: Reported speech and Konjunktiv I

If you want to report what someone said – for example, if Marco said, "The Bavarians are very hospitable" – you use what is called reported speech: Marco said that the Bavarians are very hospitable.

German often uses a specific form of the verb for this purpose:

Meine Mutter hat immer gesagt, dass kein Volk so fleißig sei wie die Deutschen.	*My mother has always said that no nation is as hard-working as the Germans.*
Er meinte, er komme morgen.	*He said he would come tomorrow.*

This is a subjunctive form of the verb and is called Konjunktiv I. You form it by adding the appropriate endings to the stem of a verb, whether the verb is regular or irregular: ich komm**e**, du komm**est**, er/sie/es komm**e**, wir komm**en**, ihr komm**et**, sie komm**en**

The only exception is the verb **sein**:

ich sei	wir seien
du seist	ihr seid
er/sie/es sei	Sie/sie seien

If you use **dass** in reported speech, remember that the verb needs to go to the end: Marco hat gesagt, dass die Bayern sehr gastfreundlich **seien**.

For more information, see also the grammar section.

Übung 7

Was hat er gesagt?

Setzen Sie die folgenden Sätze in die indirekte Rede und benutzen Sie Konjunktiv I.

Beipiel: Carola sagt:„ Ich will nächstes Jahr nach New York fliegen."
Sie sagt, dass sie nächstes Jahr nach New York fliegen wolle.

(a)   Lothar sagt: „Das Essen in Italien schmeckt fantastisch."
(b)   Herr Martinez meint: „In Berlin kann man sehr gut einkaufen."
(c)   Frau Knoob findet: „Hamburg hat einen wirklich tollen Hafen."
(d)   Gabrielas Meinung ist: „Schottland ist wirklich interessant."
(e)   Frau Clemens findet: „In Brasilien gibt es die schönsten Strände."

Aufnahme 3

Vorurteile – und die Realität

Helga war im Urlaub in Großbritannien. Sie erzählt über die Klischees, die Deutsche gegenüber den Engländern haben, aber auch was Engländer über die Deutschen denken. Bevor Sie die Audio-Aufnahme hören, lesen Sie bitte die folgenden Aussagen. Entscheiden Sie, ob diese Stereotypen auf England oder Deutschland zutreffen. Hören Sie dann den Dialog und kreuzen Sie die Stereotype an, die Sie hören können. Hatten Sie Recht?

✔ Übung 8

Here are some commonly held views about the Germans and the British.
Indicate which statements refer to which nationality. Then listen to the
audio and say whether or not they appear in Aufnahme 3. Check your
answers in the text.

		E/D	im Dialog?
(a)	Es ist ein kaltes, verregnetes Land.	E	✔
(b)	Die Leute sind sehr korrekt.	☐	☐
(c)	Dort gibt es nur Fish und Chips.	☐	☐
(d)	Man kommt schwer mit den Leuten in Kontakt.	☐	☐
(e)	Sie tragen alle Lederhosen.	☐	☐
(f)	Die Leute arbeiten sehr viel und stehen früh auf.	☐	☐
(g)	Sie sind kühl und reserviert.	☐	☐
(h)	Alles ist perfekt organisiert.	☐	☐

Karin   Und wie hat es dir in England gefallen?

Helga   Also, ich muss dir sagen, es war einfach super. Ich war erst eine
Woche in London und bin dann für eine Woche nach Cornwall
gefahren. London ist natürlich eine tolle Stadt und in Cornwall ist
die Landschaft einfach fantastisch. Ich werde auf jeden Fall in
meinem nächsten Urlaub wieder nach England fahren!

Karin   Ach, ich kann mich aber erinnern, dass du zu Anfang recht
kritisch warst, was England und die Engländer anbelangt. Erst
hast du doch gemeint, dass England ein so kaltes und verregnetes
Land sei, und dass man dort nichts außer Steak & Kidney Pie und
Fish & Chips zu essen bekäme. Und von den Engländern hast du
gesagt, sie seien so kühl und reserviert, dass man nie mit ihnen in
Kontakt käme, erst recht nicht, wenn man ihre Art von Humor
nicht versteht!

Helga   Naja, das waren halt so die typischen Vorurteile, die man
irgendwann mal aufgeschnappt hat. Ehrlich gesagt, ich habe so
viele nette Leute kennen gelernt, mit denen ich mich großartig
verstanden habe. Ein paarmal war ich zum Essen eingeladen und
es war ausgezeichnet. Was das Wetter anbelangt, so ist es
eigentlich fast so wie in Deutschland – natürlich kann man nicht
gerade einen Badeurlaub dort verbringen ...

Karin Und hast du auch irgendwelche Vorurteile gegenüber den Deutschen bemerkt?

Helga Im Großen und Ganzen nicht.

Karin Da bin ich ja froh, dass das Bild der Deutschen nicht ganz so schlecht ist, wie man annehmen könnte!

Helga Naja, es gibt natürlich auch einige Klischees, die die Engländer über die Deutschen haben, genauso wie ich vorher über die Engländer und England!

Karin Was denn zum Beispiel?

Helga Ach, zum Beispiel die Vorstellung, dass alle Deutschen so sauber und korrekt seien, so früh aufstehen und so viel arbeiten würden. Außerdem hatten sie natürlich schon von der deutschen Gründlichkeit gehört. Aber das Beste war, dass sie gedacht haben, die Deutschen würden sich von Bratwürsten mit Sauerkraut und Schweinebraten mit Klößen ernähren!

die Landschaft (-en)	*scenery, landscape*
was ... anbelangt	*as far as ... is concerned*
das Vorurteil (-e)	*prejudice*
die Vorstellung (-en)	*idea, notion*
das Sauerkraut	*pickled cabbage*
der Schweinebraten (-)	*roast pork*
der Kloß (-̈e)	*dumpling*

Übung 9

Was erzählt Helga über ihren Urlaub in England?

Answer the following questions about Helga's impressions of England. Use reported speech and the **Konjunktiv I**, as in the example, to quote what she said.

Beispiel: Was sagt Helga über Cornwall?
   Sie sagt, dass die Landschaft in Cornwall einfach fantastisch sei.

(a) Was meint sie zu London?
(b) Was dachte sie anfangs über die Engländer?
(c) Was sagt sie über ihre eigenen Erfahrungen mit den Leuten?

(d) Was denken Engländer über die Deutschen?

(e) Wovon glauben sie, ernähren sich die Deutschen?

✔ Übung 10

Lesen Sie den Text noch einmal und ergänzen Sie

(a) Helga fand England ...

(b) Anfangs jedoch dachte sie, dass die Engländer ...

(c) Dann hat sie aber viele ...

(d) Das Wetter ist ...

(e) Sie sagt, viele Engländer denken alle Deutschen würden morgens ...

(f) Es gibt das Klischee, dass sich die Deutschen von Bratwürsten ....

(g) Im nächsten Urlaub ...

Grammatik

1 Adjectival endings

As mentioned in *TIP1*, there are four categories. You have already seen that adjectives standing on their own don't need any endings and you also practised adjectival endings after the definite article.

Here are the remaining two categories.

1 The adjective is *not* preceded by an article or possessive:

	masculine	feminine	neuter	plural
nom.	-er deutsch**er** Wein	-e englisch**e** Musik	-es kalt**es** Wetter	-e gut**e** Ideen
acc.	-en deutsch**en** Wein	-e englisch**e** Musik	-es kalt**es** Wetter	-e gut**e** Ideen
gen.	-en deutsch**en** Weines	-er englisch**er** Musik	-en kalt**en** Wetters	-en gut**en** Ideen
dat.	-em deutsch**em** Wein	-er englisch**er** Musik	-em kalt**em** Wetter	-en gut**en** Ideen

Note that in the absence of an article or possessive the adjective takes the endings of the definite article:

Der Wein ist gut. → Deutsch**er** Wein ist gut.

Das Wetter ist schlecht. → Schlecht**es** Wetter herrscht schon seit Tagen.

Bei **dem** Wetter bleibe ich zu Hause. → Bei kalt**em** Wetter bleibe ich zu Hause.

2 The adjective follows an indefinite article or a possessive:

	masculine	feminine	neuter	plural
nom.	-e ein alter Mann	-e eine alte Stadt	-es ein schönes Land	-en meine schönen Bücher
acc.	-en einen alten Mann	-e eine alte Stadt	-es ein schönes Land	-en meine schönen Bücher
gen.	-en eines alten Mannes	-er einer alten Stadt	-en eines schönen Landes	-en meiner schönen Bücher
dat.	-em einem alten Mann	-e einer alten Stadt	-en einem schönen Land	-en meinen schönen Büchern

Note that all plural endings and singular endings in the genitive and dative take **-en**, as does the masculine accusative.

All other singular endings follow the pattern of the previous table, where the adjective takes the endings of the (absent) definite article:

das Buch → Das ist ein interessantes Buch.

der Film → Oh, das war kein besonderer Film.

For a reminder of the endings on adjectives after the definite article see *TIP 2*.

Note that adjectives in the comparative or superlative – when in front of a noun – follow the pattern of the three categories described:

Die Schweizer haben den höchsten Lebensstandart in Europa.
Humorvollere Leute wirst du kaum finden.
Bayern ist ein reicheres Bundesland als Bremen.

2 Reported speech

In *TIP 3* you saw that reporting in what someone said you use what is called reported speech. Here are several different examples of reported speech:

(a) Christiane hat gesagt, Florian Wörle ist mit Birgit Klarmann verheiratet.

(b) Christiane hat gesagt, dass Florian Wörle mit Birgit Klarmann verheiratet ist.

(c) Christiane hat gesagt, Florian Wörle sei mit Birgit Klarmann verheiratet.

(d) Christiane hat gesagt, dass Florian Wörle mit Birgit Klarmann verheiratet sei.

There is little if any difference in meaning between these four sentences. As you can see, in two of the sentences 'dass' introduces the second clause and the verb therefore goes to the end. In two cases the verb is the one you would normally expect (**ist**) and in two other cases it is **sei**, the **Konjunktiv I** form mentioned in *TIP 3*.

While you may not choose to use the Konjunktiv I forms yourself very often, you do need to be able to recognise them when they occur.

In the **Konjunktiv I** the irregular and mixed verbs do not undergo vowel changes. You just take the stem of the infinitive and add the appropriate endings as indicated below. Bear in mind that **sein** is an exception:

	spiel-**en**	woll-**en**	werd-**en**	hab-**en**	sein
ich	spiel-**e**	woll-**e**	werd-**e**	hab-**e**	sei
du	spiel-**est**	woll-**est**	werd-**est**	hab-**est**	sei(e)st
er/sie/es	spiel-**e**	woll-**e**	werd-**e**	hab-**e**	sei
wir	spiel-**en**	woll-**en**	werd-**en**	hab-**en**	seien
ihr	spiel-**et**	woll-**et**	werd-**et**	hab-**et**	seiet
sie/Sie	spiel-**en**	woll-**en**	werd-**en**	hab-**en**	seien

Note that the other form of the subjunctive, **Konjunktiv II**, can also be used in reported speech, particularly in the case of **haben** and **sein**:

Konjunktiv I - Petra hat gesagt, dass Köln sehr schön sei.
Konjunktiv II - Petra hat gesagt, dass Köln sehr schön wäre.

Konjunktiv I - Anna und Frank haben gesagt, dass sie bald Urlaub haben.
Konjunktiv II - Anna und Frank haben gesagt, dass sie bald Urlaub hätten.

In the second example, Konjunktiv II would be preferred, because the Konjunktiv I form happens to be the same as the normal form of the verb.

You will find an overview of Konjunktiv II in the next chapter.

⚡ Mehr Übungen

1 Wie heißen die Endungen?

Supply the appropriate endings on the adjectives in the following sentences:

(i) Here the adjective is not preceded by an article or possessive:

(a) Französisch__ Brot schmeckt mir am besten. (b) Ja, aber spanisch__ Wein ist phantastisch. (c) Was hältst du denn von deutsch__ Wein? (d) Tschechisch__ Bier ist unschlagbar. (e) Wichtig__ Feste feiert man mit groß__ Aufwand. (f) Italienisch__ Anzüge sind teuer, aber sehr gut. (g) Ehrlich, englisch__ Kneipen sind einfach toll. (h) Gut__ Abend. (i) Gut__ Nacht.

ii) Here the adjectives follow an indefinite article or a possessive:

(a) Für mich ist es ein sehr interessant__ Land. (b) Die Stadt ist durch ihren alt__ Dom weltbekannt. (c) Was? Er ist mit seinem alt__ Fahrrad nach Dänemark gefahren? (d) Von ihrer französisch__ Brieffreundin hat sie lange nichts mehr gehört. (e) Sie warf einen kritisch__ Blick auf die Leute. (f) Die Alpen sind ein beeindruckend__ Gebirge. (g) Haben Sie vielleicht eine englisch__ Zeitung? (h) Einen stark__ Kaffee, bitte. (i) Ich nehme noch ein klein__ Stück. (j) Für mich ein groß__ Bier, bitte.

iii) These adjectives are mixed. Note that sometimes no ending is needed.

(a) Nett__ Menschen findet man überall. (b) Still__ Wasser sind oft tief. (c) Vor allem sind ihm die sauber__ Straßen aufgefallen. (d) Erst dachte sie, es ist ein kalt__, verregnet__ Land. (e) Sie ist mit ihrem jünger__ Bruder gefahren. (f) Wien ist die größt__ Stadt in Österreich. (g) Hier kann man oft klassisch__ Musik hören. (h) Das ist ein kompliziert__ Problem. i) Vorurteile sind dumm__ .

2 Und jetzt Sie!

Holger und Stefanie sind zwei Deutsche, die schon lange in England leben. Oftmals begegnen sie Vorurteilen oder Klischees bezüglich Deutschlands und der Deutschen. Gerade sprechen sie über ihre Erfahrungen. Übernehmen Sie die folgende Rolle und sprechen Sie mit Hilfe der englischen Hinweise.

Holger   Sag mal, Stefanie, fühlst du dich eigentlich mehr als Engländerin oder als Deutsche?

Stefanie   *Tell him that you have largely adapted to the English way of life, although you have made an effort not to forget your German culture and language.*

Holger   Und wirst du von den Engländern akzeptiert, oder hast du auch gegen Vorurteile und Klischees anzukämpfen?

Stefanie   *Tell him that you know they exist, but that luckily you find that they are more the exception than the rule. Tell him that sometimes people ask you about the typical German characteristics such as German thoroughness, or whether the Germans really get up so early in the morning and work so hard.*

Holger   Und was antwortest du auf solche Fragen?

Stefanie   *Tell him that mostly you laugh and say that you are very sceptical as far as these typical German characteristics are concerned, and that you think that one can find them in people of other nationalities as well.*

Lesetexte

Text A: Die Deutschen – die Reiseweltmeister

Die Reisebranche ist im vergangenen Jahr weiter gewachsen. Und die Deutschen sind von allen Nationen die reiselustigsten: weltweit wurden annähernd 77 Millionen Ankünfte deutscher Touristen gezählt.

Beliebtestes Reiseziel war Italien, in das fast 10 Millionen Deutsche fuhren, dicht gefolgt von Spanien mit 9,6 Millionen Touristen. Danach folgt unser Nachbar Österreich, immerhin noch mit 9,3 Millionen.

Immer mehr Urlauber nutzen dabei das Flugzeug für ihre Auslandsreisen: allein von April bis Oktober waren zirka 29 Millionen Menschen von deutschen Flughäfen ins Ausland gestartet, ein Plus von 5,3 Prozent gegenüber dem Vorjahr.

Aber auch immer mehr Touristen reisen nach Deutschland: Im letzten Jahr gab es rund 15,5 Millionen Übernachtungen ausländischer Gäste. Spitzenreiter unter den Gästen waren Besucher aus den Beneluxländern.

Daneben kamen 1,3 Millionen Besucher aus den USA und auch viele Gäste aus Großbritannien und der Schweiz.

1 Beantworten Sie die Fragen:

(a) Wie oft reisten die Deutschen ins Ausland?

(b) Was waren die drei beliebtesten Reiseziele?

(c) Welchen Trend konnte man bei den Auslandsreisen feststellen?

(d) Wie viele Übernachtungen ausländischer Gäste gab es in Deutschland?

reiselustig	keen on travelling
das Reiseziel (-e)	destination
der Flughafen (-¨)	airport
die Übernachtung (-en)	overnight stay
der Spitzenreiter (-)	leader, front runner

Text B: Multikulturelle Gesellschaft – auch in Deutschland

Read the following text about a radio station in Berlin and write the main information under the following headings:

(a) languages the station covers
(b) target audience group
(c) the objectives of the station
(d) prospects for the future

„Radio MultiKulti" in Berlin macht weiter: Der erste multikulturelle Sender in Europa macht auch nach Ende der dreijährigen Modellphase Programm."

Das MultiKulti-Modell des Senders Freies Berlin (SFB) kommt überall gut an: bei den Hörern, bei der Presse, sogar bei UNESCO. In 15 Sprachen – von albanisch bis vietnamesisch – bietet »Radio MultiKulti" seit September 1994 täglich 16 Stunden Unterhaltung und Service für die 400 000 in Berlin lebenden Ausländer. Der Sender versteht sich aber auch als Forum der Verständigung zwischen Deutschen und ethnischen Minderheiten. Lange war unklar, ob aus dem Modellprojekt ein Regelprogamm wird. Der Grund: Geldmangel. Doch jetzt steht fest: Radio MultiKulti bleibt «on air". Der Programmchef plant schon für die Zukunft.

© Deutschland-Magazin

9 | WAS TUN SIE FÜR DIE UMWELT?

Lernziele

In this unit you will learn how to:

■ discuss environmental issues
■ use environment-related vocabulary
■ talk about hypothetical situations

■ apply Konjunktiv II
■ form the passive

Aufnahme 1

Tun wir genug für die Umwelt?

Drei Schüler unterhalten sich mit ihrem Lehrer darüber, ob wir genug für die Umwelt tun und wie man Energie sparen kann.

Hören Sie den folgenden Dialog und beantworten Sie dann die Fragen in Übung 1.

Hier sind einige wichtige Vokabeln:

der Umweltschutz	*environmental protection*
die Erforschung	*research*
die Energiequelle (-n)	*source of energy*
die Atomkraft	*atomic energy*
wegkommen von	*to get away from*

Lehrer Glaubt ihr, dass Umweltschutz und Energiesparen Sache der Regierung ist, oder dass die Bürger auch etwas dafür tun müssen?

Sascha	Es langt nicht, wenn ich allein etwas tue, auch die Politiker und die Industrie müssten mehr unternehmen. Man sollte mehr Geld für die Erforschung und Nutzung alternativer Energiequellen ausgeben. Außerdem wünsche ich mir mehr Informationen, wo und an welcher Stelle ich Energie noch aktiver einsparen könnte.
Lehrer	Was könnte man denn zum Beispiel tun, um mehr Strom zu sparen?
Ela	Das mit dem Strom ist so eine Sache. Von Atomkraft sollte man auf Dauer ganz wegkommen. Biomasse könnte doch mehr genutzt werden. Erneuerbare Energien sind meiner Meinung nach langfristig sowieso viel sinnvoller. Abgesehen davon müsste die Sonnenenergie stärker genutzt werden – das wäre vielleicht auch eine ganz gute Alternative.
Andreas	Ich denke auch, dass wir allgemein einfach mehr mit Solarenergie oder anderen Energiequellen arbeiten sollten, die viel umweltfreundlicher sind.
Lehrer	Wie spart ihr denn zu Hause Energie?
Sascha	Wenn ich aus meinem Zimmer gehe, mache ich den Computer und das Licht aus. In der Küche haben wir nur wenige automatische Geräte, wir machen das meiste mit der Hand. Das Radio machen wir auch immmer aus, wenn wir es nicht mehr brauchen.
Ela	Wir haben einen speziellen Zähler an der Heizung, der uns anzeigt, wie viel Energie wir verbrauchen. Außerdem haben wir Solarzellen auf dem Dach und Energiesparlampen im Haus. Ich glaube aber, dass allgemein noch zu wenig getan wird.
Lehrer	Und was haltet ihr davon, auf das Autofahren zu verzichten, um Energie zu sparen?
Andreas	Ich finde, man kann einiges an Energie sparen, wenn man mit dem Bus fährt, anstatt jeder für sich mit dem eigenen Auto. Außerdem gibt es inzwischen auch spezielles Pflanzenöl, mit dem man die Autos betreiben könnte.

Ela   Die Autos könnte man auch abschaffen. Was man da an Sprit sparen würde – das wäre eine tolle Maßnahme! Oder vielleicht Solarautos – das wäre auch super.

[aus: Izzze-Blitz - Das Jugendmagazin der Stromversorger]

Übung 1

Richtig oder falsch?

Korrigieren Sie die falschen Aussagen.

(a) Sascha denkt, dass Politiker und Industrie genug für den Umweltschutz tun.

(b) Er fordert mehr Geld für die Erforschung alternativer Energien.

(c) Ela ist der Meinung, dass wir von Atomkraft nicht wegkommen werden.

(d) Zuhause sparen Ela und Sascha keine Energie.

(e) Ela denkt, dass im Allgemeinen nicht genug getan wird.

(f) Andreas meint, es wäre gut, wenn Leute mehr den Bus benutzen würden.

jemandes Sache sein	*to be of someone's concern*
die Nutzung	*use*
die Biomasse	*biomass*
erneuerbar	*renewable*
die Sonnenenergie	*solar energy*
die Solarenergie	*solar energy*
elektrische Geräte (Pl.)	*electrical appliances*
der Zähler (-)	*meter*
der Sprit	*petrol (colloquial)*

Übung 2

Was passt am besten?

Lesen Sie den Dialog noch einmal und finden Sie ein Wort, das passt.

(a) Tun wir wirklich genug für den _____?

(b) Alternative _____ sollten besser erforscht werden.

(c) Viele denken, dass die _____ gefährlich für die Umwelt ist.

(d) Die Solarenergie gilt dagegen als _____.

(e) Auf einigen Häusern gibt es schon _____ auf den Dächern.

(f) Im Haus kann man zum Beispiel _____ verwenden.

(g) Ein anderes Wort für Benzin ist _____.

TIP 1: Environment-related vocabulary

You might feel overwhelmed by all the new vocabulary on environmental issues. But don't despair – many of these words are similar to English, as you've probably already noticed, e.g. **Solar-** *solar,* **das Atom** *atom.* Quite a few also contain combinations of two or more elements, many of which you will already know or be able to recognize, e.g. **die Solarenergie** *solar energy,* **das Solarauto** *solar car,* **die Biomasse** *biomass.*

TIP 2: Konjunktiv II (b)

In the previous two units you've already learned about two situations in which the subjunctive form of a verb (ie. **wäre, hätte**) is used in German: in sentences where people want to add a tone of politeness and in reported speech when a person is being quoted.

Another function of Konjunktiv II is to express ideas and situations which are not real but just imagined:

Dann hätte ich mehr Zeit.	*Then I would have more time.*
Das wäre vielleicht eine Alternative.	*This would perhaps be an alternative.*
Man könnte mehr Energie sparen.	*One could save more energy.*

As you can see, in addition to the verbs **haben** and **sein, modal verbs** are often in the subjunctive.

Note that the subjunctive is also used in conditional sentences to express situations in which people imagine events which are fairly hypothetical:

Wenn ich viel Geld hätte, würde ich morgen auf die Bahamas fliegen.
Wenn ich Bundeskanzler wäre, würde ich mehr für die Umwelt tun.

For more details, see the grammar section.

There are quite a few examples of Konjunktiv II in the dialogue. Can you find at least ten?

Übung 3

Kombinieren Sie

Bilden Sie neue Wörter.

-energie   -masse   -kraft   -schutz   -sparen   -quellen **-sparlampe   -energie   -zelle**

(a) Umwelt*schutz*   (d) Atom_____   (g) Sonnen_____

(b) Energie_____   (e) Energie_____   (h) Solar_____

(c) Energie_____   (f) Bio_____   (i) Solar_____

Note that sometimes more than one combination is possible: Atommasse, Atomenergie.

Übung 4

Was würde Herr Paul machen, wenn er ...

Write down what Herr Paul would do under the following circumstances.

Beispiel: mehr Zeit hätte? → (Chinesisch lernen)
        Wenn Herr Paul mehr Zeit hätte, würde er Chinesisch lernen.

(a) in der Stadt seiner Wahl leben könnte? → (in San Francisco)
(b) im Lotto gewinnen würde? → (eine Weltreise machen)
(c) in die Vergangenheit reisen könnte? → (in die Antike fahren)
(d) mit einem Popstar essen gehen könnte? → (am liebsten mit Madonna)
(e) eine bekannte Person interviewen könnte? (am liebsten Michael
                                    Schumacher)
(f) in einem Film mitspielen könnte? → (im neuesten James Bond-Film)

Und Sie? Was würden Sie machen? Now go through the questions again, this time answering for yourself.

Beispiel: (a) Wenn ich mehr Zeit hätte, würde ich ...
          (b) Wenn ich in einer Stadt meiner Wahl leben könnte, würde
               ich ...

📻 Aufnahme 2

Roland – der Umweltflegel

Roland, ein junger Mann, hat im Park eine Dose auf die Wiese geworfen. Eine ältere Frau, die sehr umweltbewusst ist, konfrontiert ihn.

Hören Sie den Dialog und unterstreichen Sie die richtige Antwort.

🐷 Übung 5

(a) Roland hat eine Coladose/Wasserdose/Bierdose auf die Wiese geworfen.

(b) Er sagt, die Müllarbeiter/Parkarbeiter/Parkwächter sollen etwas für ihr Geld tun.

(c) Außerdem hat er den Mund/den Hals/die Nase voll von all dem Recycling.

(d) Die Frau antwortet, Recycling ist eine sinnvolle/wichtige/gute Sache.

(e) Roland soll zum Kiosk/zum Container/Mülleimer rennen.

(f) Er könnte die Dose in die Tasche/Jacke/Hose packen.

(g) Roland sagt, dazu sei das Leben zu schön/amüsant/kurz.

der Flegel (-)	*lout*
die Auffassung (-en)	*attitude*
ersticken	*to suffocate*
die Müllhalde (-n)	*rubbish tip*
schwafeln	*to waffle*
die Nase voll haben	*to have had enough*
jemanden auf den Arm nehmen	*to pull someone's leg*
entsorgen	*to dispose of*
jemanden bekehren	*to convert someone*
sich täuschen	*to be wrong about something*
die Moralpredigt (-en)	*(moralizing) lecture*

Übung 6

Was passt zusammen?

Verbinden Sie die beiden Satzteile.

(a) Wenn jeder so denken würde wie Sie,

(b) Sind Sie auch so eine,

(c) Davon habe ich die Nase

(d) Wenn wir jetzt nichts tun,

(e) Für Ihre Moralpredigten

(f) Und jetzt lassen Sie mich

(i) wie sieht das Leben für unsere Kinder aus?

(ii) habe ich keine Zeit.

(iii) in Ruhe.

(iv) dann würden wir bald im Müll ersticken.

(v) die dauernd von Recycling schwafelt?

(vi) schon lange voll.

Übung 7

Sagen Sie's auf Deutsch!

Wenn Sie nicht sicher sind, wie die Ausdrücke heißen, können Sie den Dialog auf Seite 172 lesen. Überprüfen Sie dann Ihre Antworten auf der Audio-Aufnahme.

(a) What business is that of yours?

(b) It's all too late anyway.

(c) Are you pulling my leg?

(d) All that nonsense …

(e) Leave me alone now!

DEUTSCHLAND – INFO

Die Umwelt

Germany has long been known for its environmental awareness. It is no coincidence that Germany's Green Party, **Bündnis 90/Die Grünen**, is amongst the strongest environmental parties in the world. Founded in 1979 in reaction to the lack of interest in the environment on the part of the major political parties, it has since become a major influence and has taken part first in local, then in regional and in recent years in the federal government.

More information: http://www.gruene.de
                 http://www.dino-online.de/umwelt.html

TIP 3: Forming of the Passive

When talking about environmental issues or recycling you will often come across the passive. You may already be aware that the passive in German is mostly formed with the verb **werden** + a past participle.

Der Müll wird alle zwei Wochen abgeholt.	*The rubbish is collected every two weeks.*
Der Müll ist gerade abgeholt worden.	*The rubbish has just been collected.*
Sein altes Auto wurde recycelt.	*His old car was recycled.*

Here is an example from the next recording where you can see that a sentence can have more than one verb in the passive voice:

In Deutschland wird jetzt alles getrennt gesammelt und dann wieder verwertet oder umweltfreundlich entsorgt.
In Germany everything is now separated before collection (lit. collected separated) and then recycled or disposed of in an environmentally-friendly manner.

Aufnahme 3

Andere Länder – andere Sitten

Frau Müller hat einen neuen Untermieter, Herrn Schmitt, der seit längerer Zeit nicht mehr in Deutschland war und daher mit dem neuen Prinzip der Müllentsorgung noch nicht vertraut ist.

Hören Sie die Audioaufnahme und beantworten Sie dann die Fragen in **Übung 8**. Was ist alles neu für ihn?

Übung 8

(a) Hat Herr Schmitt schon von der Müllsortierung gehört?
(b) Wie viele Tonnen hat Frau Müller in ihrer Garage stehen?
(c) In welche Tonne kommt das Altpapier?
(d) Was – sagt Frau Müller – kann jetzt jeder machen?
(e) Was passiert, wenn man bei der Mülltrennung nicht mitmacht?
(f) Wohin kommen die Blechdosen und alte Flaschen?

Frau Müller	Und mit der Müllsortierung wissen Sie ja Bescheid, Herr Schmitt, oder?
Herr Schmitt	Ich habe schon darüber gelesen – es hört sich aber komisch an. Vielleicht habe ich es ja auch falsch verstanden? Wie Sie sich vorstellen können, hat man in Südamerika andere Sorgen, als sich um den Müll zu kümmern.
Frau Müller	Ja, also hier sieht das ganz anders aus. Kommen Sie mal mit! (*Führt ihn zur Garage, wo drei verschiedene Tonnen stehen.*)
Herr Schmitt	Machen Sie Witze? Wozu braucht man denn drei Tonnen? Das erscheint mir aber alles sehr merkwürdig.
Frau Müller	Gar nicht! In Deutschland wird jetzt alles getrennt gesammelt und dann wieder verwertet oder umweltfreundlich entsorgt.
Herr Schmitt	Das kann ich mir aber überhaupt nicht vorstellen. Wie soll denn das funktionieren?
Frau Müller	Ganz einfach, Herr Schmitt. Die blaue Tonne hier ist für Papier. Die braune Tonne ist für Biomüll und der Sack ist für alle Verpackungen, die den Grünen Punkt aufweisen. Alles wird im Wechsel vierzehntägig abgeholt.
Herr Schmitt	Ist das denn nicht ungeheuer zeitaufwendig?
Frau Müller	Eigentlich nicht. Sie werden sich schon schnell daran gewöhnen. Auf jeden Fall kann jetzt jeder was für die Umwelt tun – auch Sie!

Herr Schmitt	Aber wäre es denn nicht besser, Müll erst gar nicht zu produzieren, als ihn dann hinterher zu sammeln und nicht zu wissen, wohin damit?
Frau Müller	Naja, natürlich. Aber mit diesem System ist zumindest mal ein Anfang gemacht. Und mitmachen müssen Sie auf jeden Fall – es kostet nämlich eine schöne Stange Geld, wenn man den Müll nicht sortiert!
Herr Schmitt	Und was ist denn eigentlich das da drüben?
Frau Müller	Ach ja, das sind die Container für Blechdosen, Glas und Altbatterien. Wenn Sie außerdem Sondermüll wie Farben oder Lacke haben, müssen Sie zur Sammelstelle fahren.
Herr Schmitt	Na, das kann ja heiter werden!

andere Länder, andere Sitten	*when in Rome, do as the Romans do, (lit. other countries, other customs)*
die Müllsortierung	*sorting of waste*
wieder verwerten	*to recycle*
entsorgen	*to dispose of*
eine schöne Stange Geld	*a small fortune*
der Lack (-e)	*varnish*
das kann ja heiter werden	*(ironical) that will be fun*

Übung 9

Wie heißt das?

Finden Sie im Text die deutschen Wörter für:

(a) packages
(b) tin, can
(c) hazardous waste
(d) used batteries
(e) paint
(f) collecting point/dump

Übung 10

Lesen Sie den Dialog noch einmal und ergänzen Sie

(a) Herr Schmitt findet die Müllsortierung ...
(b) In Südamerika hat man andere Sorgen, als ...
(c) Frau Müller erklärt, dass der Müll in Deutschland ...
(d) Alte Zeitungen kommen in ...
(e) In die braune Tonne kommt ...
(f) Der Rest kommt ...
(g) Sondermüll muss zur ...
(h) Für Glas gibt es ...
(i) Frau Müller denkt, dass jetzt jeder ...

Grammatik

Konjunktiv II – Summary

In the last few units you have come across various situations, in which the Konjunktiv II is used in German. Here is a short overview.

It is used:

1 to add a degree of politeness
2 in reported speech
3 to express hypothetical situations and ideas
4 in connection with **wenn** in conditional sentences

Remember that it is mostly **haben** and **sein** and the **modal verbs** that are used in the subjunctive. You can find a list of their forms in the grammar section of **Unit 7**.

For most other verbs – especially in spoken German – the Konjunktiv II form of **werden**, namely **würde(n)**, is used together with the infinitive:

Wenn ich im Lotto gewinnen würde, ...
Wenn du weniger rauchen würdest, ...
Wenn wir weniger Müll produzieren würden, ...

Nevertheless, you will still find other verbs in the subjunctive form, especially in written texts, such as newspaper articles or novels. To help you recognize them, here are some tips on how these verbs form the Konjunktiv II:

Regular verbs are identical with their simple past tense, i.e.:

ich hörte, er spielte, wir arbeiteten

The Konjunktiv II form of most irregular verbs is formed from their past simple tense, by adding the appropriate endings, as indicated below. Note also that an umlaut is added whenever possible:

Infinitive	fahren	kommen	gehen	wissen
Präteritum Simple past	fuhren	kamen	gingen	wussten
ich	führ-**e**	käm-**e**	ging-**e**	wüsst-**e**
du	führ-**est**	käm-**est**	ging-**est**	wüsst-**est**
er/sie/es	führ-**e**	käm-**e**	ging-**e**	wüsst-**e**
wir	führ-**en**	käm-**en**	ging-**en**	wüsst-**en**
ihr	führ-**et**	käm-**et**	ging-**et**	wüsst-**et**
sie/Sie	führ-**en**	käm-**en**	ging-**en**	wüsst-**en**

Here is one example for the use of **wissen** in the subjunctive:

Ich wüsste gern, wann der
nächste Zug nach Berlin fährt.

I should like to know when the next train goes to Berlin.

Note also that the Konjunktiv II is used in some expressions like:

Wenn ich du wäre, würde ich ...
An deiner Stelle würde ich ...

If I were you, I would ...
In your position, I would ...

The passive

One area that needs frequent revision is the passive. As you saw in *TIP 3* the passive is formed with the verb **werden** in the appropriate tense together with the past participle of the verb in question:

Present: Das Essen wird gerade gekocht. *The meal is just being cooked.*

Simple past: Das Buch wurde von Heine geschrieben. *The book was written by Heine.*

Perfect: Die Rechung ist bezahlt worden. *The bill has been/was paid.*

Note that in the perfect passive the past participle of **werden** is simply **worden** and has no **ge-** prefix. As is usual with the perfect in German, the perfect form of the passive can be used for events that happened in the distant past:

Dieses Haus ist 1666 gebaut worden.

Remember also that **von** is the German equivalent to the preposition 'by' – which you often need when you use the passive:

Von wem wurde das Buch geschrieben? *Who was the book written by?*

If you want to express the meaning of "by means of" then **durch** is more appropriate:

Durch Solarzellen wird umweltfreundliche Energie erzeugt.

Here are two more *TIPS* you might find useful when dealing with the passive:

EXTRA-TIP 1: Passive of dative verbs

Verbs which in German are followed by the dative, such as **helfen**, **raten**, **gratulieren** and **folgen**, cannot be made passive in the usual way. It is, however, possible to produce a kind of passive, if the dative object is retained:

Mir wurde von einem Freund geholfen. *I was helped by a friend.*

Ihr wurde geraten, gesünder zu leben. *She was advised to live healthier.*

Ihnen wurde zu ihrer Hochzeit gratuliert. *They were congratulated on their wedding.*

EXTRA-TIP 2: Use of man

The pronoun **man** is often used in German where a passive would be more common in English:

Hier spricht man Deutsch.	*German spoken here.*
Man glaubt, dass ...	*It is thought that ...*
So was macht man eben nicht.	*That sort of thing is just not done.*

Mehr Übungen

1 Geben Sie Ratschläge

Give appropriate advice for some of your friends. Use **Wenn ich du wäre** or **An deiner Stelle** to start your answer. Feel free to suggest your own solutions. The versions we give in the Key are just examples of possible answers.

Beispiel: Ich kann nachts schlecht einschlafen.
  Wenn ich du wäre, würde ich weniger Kaffee trinken.
   or
  An deiner Stelle würde ich autogenes Training machen.

(a) Ich fühle mich total gestresst.
(b) Ich bin durch ein Examen gefallen.
(c) Ich bin nicht mehr mit meiner Arbeit zufrieden.
(d) Ich habe den Eindruck, dass ich immer dicker werde.
(e) Mein Freund/Meine Freundin sagt, dass ich einen langweiligen Musikgeschmack habe.
(f) Mein Freund/Meine Freundin sagt, dass ich langweilig aussehe.

2 Wissen Sie noch?

Beantworten Sie die Fragen in ganzen Sätzen. Im Schlüssel finden Sie Beispiele für mögliche Antworten.

Beispiel: Was wird durch Energiesparlampen erreicht?
  Durch Energiesparlampen wird Strom gespart.

(a) Was wird durch Solarzellen erzeugt?
(b) Was wird mit Altglas gemacht?
(c) Wohin werden Blechdosen gebracht?
(d) Und wohin wird der Sondermüll gebracht?

(e) Wann wurde die Partei „Die Grünen" gegründet? (siehe D-Info)
(f) Sind Sie der Ansicht, dass genug für die Umwelt getan wird?
(g) Was könnte noch für die Umwelt getan werden?

3 Und jetzt Sie!

John, ein britischer Student, der gerade in Deutschland angekommen ist, redet mit Volker, einem deutschen Studenten, über die Müllsortierung. Spielen Sie mit Hilfe der englischen Anregungen die Rolle von Volker.

John Du, wie funktioniert eigentlich diese Müllsortierung?

Volker *Tell him that there is a brown bin for organic waste, a blue one for paper, and a plastic bag for all packages which bear the "Green Dot", and that everything gets collected fortnightly on a rota system.*

John Funktioniert das denn? Das kann ich mir gar nicht vorstellen. Macht denn da jeder mit?

Volker *Tell him yes, most people do join in. If you don't join in, you pay heavy fines. And there are information leaflets, and so on, available to inform the population. Ask him if there are actually many differences between Germany and England.*

John Oh ja, in England wird zwar auch etwas für die Umwelt getan, aber nicht so viel wie hier. Aber hat das alles denn überhaupt einen Sinn, oder ist es nicht schon zu spät für die Erde?

Volker *Tell him that you believe recycling is a very useful measure because if nothing is done for the environment now, what will the earth be like for children of the future?*

John Aber ist es denn nicht besser, Müll zu vermeiden, anstatt ihn hinterher zu entsorgen?

Volker *You say yes of course, but at least it's a start.*

Lesetexte

Umwelt

Text A

The following short article is about the problem of forests dying off in Germany. To help you understand the text, here is some of the key vocabulary:

schädigen	*to harm, damage*
die Buche (-n)	*beech tree*
die Eiche (-n)	*oak tree*
das Blatt (-¨er)	*leaf*
die Nadel (-n)	*needle*
der Trost	*consolation, comfort*

Now try to find out the main points of the text:

(a) Has the situation with regard to Germany's forests worsened or improved in the last few years?

(b) What percentage of trees are regarded as damaged?

(c) When is a tree defined as being damaged?

(d) Which trees are especially badly hit?

Waldsterben

Neue Studien geben wenig Anlass zur Hoffnung. Zwar ist das Waldsterben in den letzten Jahren leicht zurückgegangen, doch sind die Zahlen immer noch schockierend: Etwa 20% aller Bäume gelten als deutlich geschädigt. Als deutlich geschädigt werden die Bäume definiert, die mindestens ein Viertel ihrer Nadeln oder Blätter verloren haben.

Obwohl es dem Wald insgesamt etwas besser geht, hat sich der Zustand insbesondere der Eichen dramatisch verschlimmert: Als deutlich geschädigt gelten mittlerweile fast 50% all dieser Bäume. Auch etwa ein Drittel aller Buchen gehört in diese Kategorie. Nur 42% aller Bäume sind noch gesund. Besonders schlimm sind die Quoten in Thüringen, Hessen und Rheinland-Pfalz. Ein kleiner Trost: Der Anteil des Waldes an der Gesamtfläche der Bundesrepublik ist mit etwa 30 Prozent konstant geblieben.

Text B Mülltrennung

Danilo, 14

Das mit der Mülltrennung finde ich voll okay. Ist ja auch wirklich keine große Aktion, die Sachen in verschiedene Mülleimer zu werfen. Letztendlich machen wir das ja für uns, denn wenn es keine Rohstoffe mehr gibt, können wir nicht überleben.

Julian, 11

Wir haben nur Getränke in Mehrwegflaschen, Joghurt in Gläsern und andere Dinge mit möglichst wenig Verpackung. Schon bei uns auf der Grundschule haben wir gelernt, wie wichtig Mülltrennung und vor allem Müllvermeidung ist, um Rohstoffe zu sparen.

Denise, 13

Ich werfe nie Müll auf die Straße und fände es gut, wenn jeder bewusster mit der Umwelt umgehen würde. Verpackungen sind oft viel zu aufwendig. Bei Geburtstagsgeschenken möchte man schon eine schöne Verpackung haben, aber da gibt es ja auch Möglichkeiten, diese wieder zu verwerten.

der Mülleimer *rubbish bin*
der Rohstoff (-e) *raw material*
die Mehrwegflasche (n) *reusable bottle*
die Verpackung *packaging*
die Vermeidung *avoidance*
bewusst *conscious*
umgehen mit *to deal with*
aufwendig *lavish*
die Mülltrennung *sorting of rubbish*

1 Wer sagt das? Und wie heißt das im Text?

Beispiel: Wir benutzen nur Flaschen, die man wiederverwenden kann.
   Julian: – Wir haben nur Getränke in Mehrwegflaschen.

(a) Es wäre gut, wenn man mehr für die Umwelt machen würde.
(b) Die Lehrer haben uns erklärt, wie wichtig die Mülltrennung ist.
(c) Den Müll zu sortieren ist keine große Arbeit.
(d) Ich bin für die Mülltrennung.

10 | DEUTSCHLAND HEUTE

Lernziele

In this unit you will learn how to:

- talk about newspapers and magazines
- do a quiz on the German political structure
- express an opinion on economic issues

- form relative clauses
- identify adjectival and weak nouns

Aufnahme 1

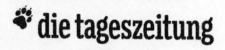

Herr Hinschken arbeitet als Journalist in Hamburg. Im folgenden Interview spricht er über die wichtigsten Zeitungen und Zeitschriften in der Bundesrepublik Deutschland.

Hören Sie, was er sagt und beantworten Sie dann die Fragen in Übung 1.

das Blatt (-¨er)	here: paper
das Qualitätsblatt (-¨er)	quality paper, broadsheet
die Boulevardzeitung (-en)	tabloid
die Auflage (-n)	here: circulation
die Zeitschrift (-en)	magazine, journal

Der deutschsprachige Zeitungsmarkt ist einer der größten der Welt. Insgesamt gibt es fast 400 Tageszeitungen in Deutschland, mit einer täglichen Druckauflage von etwa 30 Millionen Exemplaren.

Anders als zum Beispiel in Großbritannien dominieren Lokal- und Regionalzeitungen den Markt. Diese Zeitungen berichten ausführlich über Ereignisse in der entsprechenden Region, haben aber auch Welt- und Wirtschaftsnachrichten. Jemand, der beispielsweise in Hamburg lebt, wird also vielleicht das *Hamburger Abendblatt* kaufen, das sehr detailliert darüber berichtet, was in Hamburg und in der Umgebung von Hamburg passiert, in dem es aber auch ausführliche Berichte über Ereignisse in Deutschland, im Ausland und zum Beispiel Wirtschafts- und Kulturnachrichten gibt.

Wer sich noch weiter informieren möchte, wird dann vielleicht noch eine der überregionale Zeitungen lesen, die man in ganz Deutschland bekommen kann: Die *Süddeutsche Zeitung*, die *Frankfurter Rundschau,* die *Frankfurter Allgemeine Zeitung* oder *Die Welt*. Die letzten beiden gelten als konservativ, während die *Süddeutsche Zeitung* und die *Frankfurter Rundschau* eher linksliberal sind.

All diese Zeitungen könnte man als Qualitätsblätter bezeichnen. Daneben gibt es dann die sogenannten Boulevardzeitungen. Am bekanntesten ist dabei die *Bild*-Zeitung, die eine Auflage von etwa 4,5 Millionen hat und damit die am meisten verkaufte Zeitung in Deutschland ist.

Außer Tageszeitungen gibt es auch noch Sonntags- und Wochenzeitungen. Die bekanntesten Wochenzeitungen sind *Die Zeit* und *Die Woche*, die beide aus Hamburg kommen. Sonntagszeitungen spielen eine weit geringere Rolle als in Großbritannien, da die meisten Redaktionen einen Ruhetag haben und viele Zeitungen sonntags nicht erscheinen.

Neben Zeitungen gibt es natürlich auch einen riesigen Zeitschriftenmarkt. Gewinner der letzten Jahre waren vor allem Computerzeitschriften, Magazine für Essen und Trinken und Zeitschriften über Motorsport. Bekannt sind aber auch Nachrichtenmagazine, wie *Focus* oder *Der Spiegel*, der schon seit 1947 auf dem Markt ist.

Wer gerne liest, für den ist das Internet eine wahre Fundgrube: Mittlerweile gibt es Hunderte von Zeitungen und Zeitschriften, von einem Lokalblatt wie der *Schweriner Volkszeitung* bis zum *Spiegel* oder *Stern*.

Übung 1

(a) Wie viele verschiedene Zeitungen erscheinen täglich in Deutschland?

(b) Was ist typisch für Lokal- und Regionalzeitungen?

(c) Wo steht die *Frankfurter Allgemeine Zeitung politisch*?

(d) Wie hoch ist die Auflage der *Bild*-Zeitung?

(e) Was für Zeitschriften haben in den letzten Jahren viele neue Leser gewonnen?

(f) Seit wann gibt es das Nachrichtenmagazin *Der Spiegel*?

das Ereignis (-se)	*event*
marktdominierend	*dominating the market*
regional	*regional*
überregional	*national, nationwide*
ausführlich	*detailed*
gelten als	*to be regarded as*
das Exemplar (-e)	*copy*
die Redaktion (-en)	*editorial staff, editorial board*

Übung 2

Was passt am besten?

Lesen Sie das Interview noch einmal und finden Sie ein Wort, das passt.

(a) Es gibt fast 400 _____ in Deutschland.

(b) Marktdominierend sind die Lokal- und _____.

(c) Ein Beispiel für eine _____ Zeitung ist die *Süddeutsche Zeitung*.

(d) Politisch ist die *Süddeutsche Zeitung* eher _____.

(e) Die *Bild*-Zeitung ist die meistverkaufte _____.

(f) Sie hat eine _____ von etwa 4,5 Millionen _____.

(g) *Focus* und *Der Spiegel* sind bekannte _____.

(h) Mittlerweile kann man viele _____ und _____ im Internet lesen.

TIP 1: Newspapers and abbreviations

Many titles of German newspapers tend to be rather long, so it's quite common to use abbreviated forms. Here are some examples:

Frankfurter Allgemeine Zeitung	FAZ
Frankfurter Rundschau	FR
Hamburger Morgenpost	Mopo
Hannoversche Allgemeine Zeitung	HAZ
Süddeutsche Zeitung	SZ
die tageszeitung	taz
Westdeutsche Allgemeine Zeitung	WAZ

Note also that German newspapers are usually feminine, so one would say **Eine Bild, bitte** or **Ich möche eine HAZ**.

TIP 2: Relative clauses

A relative clause is a type of subordinate clause, in which more information about a specific item in the main clause is given. Here are three examples:

Bekannt ist auch *Der Spiegel*, der seit 1947 auf dem Markt ist.

Am bekanntesten ist die *Bild*, die eine Auflage von etwa 4,5 Millionen hat.

Focus ist ein Nachrichtenmagazin, das aus Berlin kommt.

As you can see, the second clause refers directly to the noun in the first part and provides you with more details: for example, about *Bild*, which has a circulation of about 4,5 million, or about *Der Spiegel*, which has been on the market since 1947.

A relative clause is usually introduced by a relative pronoun (equivalent to '*who*', '*that*' or '*which*' in English). In the nominative case the pronouns are quite straightforward:

der for masculine, **das** for neuter and **die** for feminine and plural nouns.

You probably won't be surprised to find that in a relative clause – as with most subordinate clauses – the verb goes to the end.

*There are two examples of relative plural clauses in **Aufnahme 1**. Can you find them?*

☑ Übung 3

Wie heißen die Zeitungen?

Wissen Sie die vollen Namen für die folgenden Abkürzungen?

Beispiel   FR – *Frankfurter Rundschau*

(a) taz – _____
(b) FAZ – _____
(c) Mopo – _____
(d) SZ – _____
(e) WAZ – _____

☑ Übung 4

Verbinden Sie

(a) Überregionale Zeitungen sind Zeitungen,

(b) Lokalzeitungen sind Blätter,

(c) Die FAZ ist eine Zeitung,

(d) Wochenzeitungen sind Zeitungen,

(e) Boulevardblätter sind Zeitungen,

(f) *Der Spiegel* ist ein Nachrichtenmagazin,

(i) die einmal pro Woche erscheinen.

(ii) die oft viel Sex und Crime haben.

(iii) das es seit 1947 gibt.

(iv) die man in ganz Deutschland kaufen kann.

(v) die aus Frankfurt kommt.

(vi) die viel über die eigene Region berichten.

Aufnahme 2

Deutschland-Quiz

In der nächsten Übung können Sie Ihr Wissen über Deutschland testen. Lesen Sie zunächst die acht Quizfragen und entscheiden Sie dann jeweils, welche Antwort stimmt. Hören Sie dann die Audio-Aufnahme und überprüfen Sie, ob Sie Recht hatten.

Übung 5

1 Flächenmäßig ist Deutschland
  (a) größer als Frankreich
  (b) etwa so groß wie Frankreich
  (c) deutlich kleiner als Frankreich

2 Deutschland hat eine Grenze mit
  (a) 8 Ländern
  (b) 9 Ländern
  (c) 10 Ländern

3 Bundesländer gibt es
  (a) 12
  (b) 14
  (c) 16

4 Die meisten Menschen wohnen in
  (a) Bayern
  (b) Berlin
  (c) Nordrhein-Westfalen

5 Das Parlament heißt
  (a) Bundesrat
  (b) Bundestag
  (c) Reichstag

6 Abgeordnete gibt es
  (a) 498
  (b) 556
  (c) 656

7 Die meiste politische Macht hat
  (a) der Bundespräsident
  (b) der Bundeskanzler
  (c) der Bundestagspräsident

8 Die politische Struktur ist
  (a) föderalistisch
  (b) zentralistisch
  (c) dezentralisiert

bevölkerungsreich	*densely populated*
flächenmäßig	*in area*
der Ballungsraum (¨-e)	*conurbation*
der/die Abgeordnete*	*member of parliament*
verfassungsgemäß	*constitutional*
das Grundgesetz (-e)	*Basic Law / the German constitution*
ernennen	*to appoint*
entlassen	*to dismiss*
der Grundpfeiler (-)	*cornerstone*

* for the plural forms: see **TIP 3**

Übung 6

Beantworten Sie die folgenden Fragen:

(a) Welches ist das größte Bundesland?

(b) Wie heißt das kleinste?

(c) Wie werden Hamburg und Bremen genannt?

(d) Wie oft gibt es Wahlen zum Bundestag?

(e) Was für Aufgaben hat der Bundespräsident?

(f) Was ist ein Grundpfeiler der politischen Struktur Deutschlands?

 ## Übung 7

Sagen Sie's auf Deutsch!

(a) Welcome to a new edition of ...
(b) Our first topic today is Germany.
(c) Now, just imagine a map of Europe...
(d) As you know, Germany consists of 16 BundesLänder.
(e) If I would ask you ...
(f) Altogether there are nine countries ...
(g) But how many members does the Bundestag actually have?
(h) More about this in the next week.

TIP 3: Adjectival nouns

You may have noticed in the vocabulary list that **der/die Abgeordnete** *member of parliament* is asterisked as being a bit different from other nouns. It is in fact one of several nouns in German that take endings like adjectives:

masc.	der Abgeordnete	ein Abgeordnet**er**
feminine	die Abgeordnete	eine Abgeordnet**e**
plural	die Abgeordnet**en**	- Abgeordnet**e**

Other nouns that behave like this include:

der/die Deutsche *German*   **der/die Kranke** *sick person, patient*
der/die Bekannte *acquaintance*   **der/die Verlobte** *financé(e)*

For further details, see the grammar section.

Aufnahme 3

Im folgenden Interview spricht Frau Matthiesen von der Industrie- und Handelskammer über die wirtschaftliche Situation in Deutschland.

Hören sie die Audio-Aufnahme und entscheiden Sie, ob die folgenden Aussagen richtig oder falsch sind. Korrigieren Sie dann die falschen Aussagen.

Übung 8

(a) Deutschland ist eine der führenden Industrienationen der Welt.
(b) Der Motor der Wirtschaft waren die Banken und Versicherungen.
(c) Deutschland importiert mehr als es exportiert.
(d) Die USA sind der wichtigste Handelspartner.
(e) In Deutschland werden nicht genug neue Jobs geschaffen.
(f) Viele Firmen denken noch nicht global genug.

Journalist   Frau Matthiesen, die Bundesrepublik gehört zu den international führenden Industrienationen. In welchen Bereichen ist die deutsche Wirtschaft denn besonders stark?

Matthiesen   Nun, traditionell im produzierenden Gewerbe, das für Jahrzehnte sozusagen das Herz und der Motor der deutschen Wirtschaft war. Als erstes wäre hier natürlich die Autoindustrie zu nennen, mit Betrieben wie Volkswagen, BMW und natürlich Mercedes-Chrysler, die alle weltweit bekannt sind. Neben der Automobilindustrie spielen andere Wirtschaftszweige wie der Maschinenbau oder auch die chemische Industrie eine große Rolle.

Journalist   Wie wichtig ist denn der Export für die deutsche Industrie?

Matthiesen   Deutschland ist primär ein exportorientiertes Land. Nehmen Sie zum Beispiel die Autoindustrie, die mehr als 60% ihrer Produkte ausführt. Jeder dritte Arbeitsplatz in Deutschland ist vom Export abhängig.

Journalist   Und welches sind die wichtigsten Handelspartner Deutschlands?

Matthiesen   Am wichtigsten sind die Länder der EU, in die annähernd 60% der Ausfuhren gehen. Nordamerika und der asiatisch-pazifische Raum spielen etwa eine gleich wichtige Rolle.

Journalist   Die deutsche Wirtschaft hat in den letzten Jahren aber auch mit vielen Problemen zu kämpfen gehabt.

Matthiesen   Richtig. Insbesondere ist die hohe Arbeitslosigkeit ein Grund zur Besorgnis. Hier gibt es strukturelle Defizite in Deutschland. Daneben ist es uns auch nicht gelungen, im Dienstleistungssektor ähnlich viele neue Arbeitsplätze zu schaffen wie etwa die USA oder Großbritannien.

Journalist	Und wie sehen Sie die Zukunft für die deutsche Wirtschaft?
Matthiesen	Im Zuge der Globalisierung wird es für die Betriebe immer wichtiger werden, international präsent zu sein. Viele Firmen, vor allem in der Autoindustrie, aber auch die Banken und Versicherungen haben das verstanden und ihre internationale Präsenz verstärkt. Ich bin daher recht optimistisch, was die Zukunft angeht.

Übung 9

Wie heißt das?

Finden Sie die deutschen Wörter für:

(a) manufacturing industry
(b) mechanical engineering
(c) chemical industry
(d) service sector

(e) branches of industry
(f) trading partner
(g) export
(h) globalisation

die Industrienation (-en)	*industrialized nation*
der Betrieb (-e)	*business, factory*
ausführen (sep.)	*to export*
annähernd	*almost*
der Grund (¨e)	*reason*
zur Besorgnis	*for concern*
im Zuge von	*in the wake of*
verstärken	*to reinforce, to increase*

Übung 10

Lesen Sie den Dialog noch einmal und ergänzen Sie

(a) Der Motor der deutschen Wirtschaft war ...
(b) Weltweit bekannt sind Betriebe wie ...
(c) Andere wichtige Wirtschaftszweige sind ...
(d) Die wichtigsten Handelspartner Deutschlands ...
(e) Ein Grund zur Besorgnis ...
(f) Im Dienstleistungssektor ...
(g) Im Zuge der Globalisierung müssen Betriebe...
(h) Frau Matthiesen ist aber ...

Grammatik

1 Relative clauses

As you learned in *TIP 1*, relative clauses provide more information about an item in the main clause and they are usually introduced by a relative pronoun.

You saw that in the **nominative** case the pronouns are: **der, die, das,** and **die** in the plural.

In the **accusative** there is a change for masculine nouns only:

   m: Das ist Peter, **den** ich noch aus der Schule kenne.

In the dative the pronouns are: **dem** for masculine and neuter, **der** for feminine and **denen** for the plural:

   m: Das ist Herr Kaiser, **dem** ich 100 Euro geliehen habe.
   f: Das ist Petra, **der** ich das Buch über New York gegeben habe.
   n: Das ist das Kind, **dem** ich geholfen habe.
   pl: Das sind die Leute, **denen** wir gestern begegnet sind.

In the **genitive**, the case of possession, the German words for the equivalent of *whose* are:

   m: Das ist Marcus, **dessen** Tochter Journalistin ist.
   f: Ist das nicht Helga, **deren** Tochter in den USA lebt?
   n: Das ist das Kind, **dessen** Eltern aus Bern kommen.
   pl: Das sind die Studenten, **deren** Tests sehr gut waren.

As in English, relative pronouns are commonly used together with *prepositions*:

   Das war die Firma, *bei* **der** ich ein Praktikum gemacht habe.
   Das sind Ulrike und Edda, *von* **denen** ich dir schon viel erzählt habe.

Don't forget that in a relative clause the verb goes to the end. Note that you also have to put a comma at the start of the relative clause. You also need a comma at the end of the relative clause if this appears – as it often does – in the middle of the main clause:

   Meine Freundin, die in Berlin wohnt, kommt morgen nach Hannover.

Here is an overview:

	masc.	fem.	neuter	plural
nom.	der	die	das	die
acc.	den	die	das	die
dat.	dem	der	dem	denen
gen.	dessen	deren	dessen	deren

2 Adjectival nouns

As you saw in *TIP 3*, some nouns behave like adjectives in the endings they take.

Here are a few more adjectival nouns:

der/die Angestellte *employee*
der/die Erwachsene *adult,*
  grown-up
der/die Reisende *traveller*

der/die Fremde *foreigner,*
  stranger
der/die Verwandte *relative*

This overview may help to remind you of the endings needed:

	masculine	feminine	plural
nom.	der Verwandt**e** mein Verwandt**er**	die/meine Verwandt**e**	die/meine Verwandt**en**
acc.	den/meinen Verwandt**en**	die/meine Verwandt**e**	die/meine Verwandt**en**
gen.	des/meines Verwandt**en**	der/meiner Verwandt**en**	der/meiner Verwandt**en**
dat.	dem/meinem Verwandt**en**	der/meiner Verwandt**en**	den/meinen Verwandt**en**

3 Weak nouns

In this unit you met the nouns **der Journalist** *journalist* and **der Präsident** *president*. These belong to a group of nouns called "weak nouns". They tend to take **-(e)n** in all cases except the nominative singular:

Nominative.   Ein Journalist sollte eigentlich die Wahrheit schreiben.
Accusative.   Kennst du den Journalist**en**?
Genitive.   Hier ist das neue Buch des Journalist**en**.
Dative.   Mit diesem Journalist**en** möchte niemand zusammenarbeiten.

Other frequently found nouns in this group include:

der Architekt, der Assistent, der Direktor, der Fotograf, der Franzose, der Herr, der Junge, der Kandidat, der Kollege, der Kunde, der Mensch, der Nachbar, der Soldat, der Student, der Tourist.

Note that **Herr** adds **-n** in the singular, but **-en** in the plural:

    Kennst du Herr**n** Schröder?   Guten Tag, meine Damen und Herr**en**!

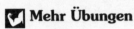 Mehr Übungen

1 Üben Sie Relativsätze

Bilden Sie Relativsätze, wie in dem folgenden Beispielsatz. Beginnen Sie alle Sätze mit **Das ist Herr Franke, ...**

Beispiel: Er kommt aus Stuttgart.
          Das ist Herr Franke, der aus Stuttgart kommt.

(a) Er arbeitet als Journalist.
(b) Seine Frau ist auch Journalistin.
(c) Sein Sohn studiert in den USA.
(d) Er fährt einen roten Ferrari.
(e) Er trägt meistens italienische Anzüge.
(f) Man sieht ihn auf vielen Partys.
(g) Von ihm bekomme ich noch E 200, –.

2 Welches Wort passt am besten?

> gewählt   Handelspartner   Macht   Demokratie   Export
> Bundeskanzler   ~~Europas~~   Bundestag   Wirtschaftszweige
> Aufgaben   Einwohner   Abgeordnete Bundespräsident

Deutschland liegt im Zentrum (a) *Europas* und hat mehr als 81,5 Millionen (b) _____. Es ist eine parlamentarische (c) _____. Das Parlament heißt der (d) _____, in dem mehr als 650 (e) _____sitzen. Es wird alle vier Jahre (f) _____. Die größte politische (g) _____ hat der Chef der Regierung, der (h) _____. Das Staatsoberhaupt, der (i) _____, erfüllt dagegen nur repräsentative (j) _____.

Wirtschaftlich hängt Deutschland stark vom (k) _____ ab. Bedeutende (l) _____ sind die Automobilindustrie und die chemische Industrie. Die wichtigsten (m) _____ sind die Länder der EU.

Using the text on Germany as a model, write a similar description about your country.

3 Und jetzt Sie!

Spielen Sie die Rolle eines deutschen Journalisten, der über verschiedene Aspekte der deutschen Wirtschaft befragt wird.

Reporter Die Bundesrepublik Deutschland ist eine der führenden Industrienationen der Welt. Welche Industriezweige sind denn besonders wichtig?

Sie *Say that the manufacturing industry is very important. Say it is the driving force of German industry.*

Reporter Gibt es denn noch andere bedeutende Wirtschaftszweige?

Sie *Say that the chemical industry and mechanical engineering are also quite important.*

Reporter Und welche Bedeutung haben die Banken und Versicherungen?

Sie *Say that banks and insurance companies also play a big role.*

Reporter Kann man sagen, dass viele Bereiche primär exportorientiert sind?

Sie *Say yes. Explain that the car industry for instance exports more than 60% of its products. Say that a third of all jobs depend on export.*

Reporter Und was sind die wichtigsten Handelspartner?

Sie *Say that the most important trading partners are the countries of the EU.*

Reporter	Und was denken Sie über die weitere wirtschaftliche Entwicklung?
Sie	*Say you think that globalisation will become more and more important. Say that overall you are quite optimistic.*

Lesetexte

Deutschland heute

Text A

Dokumentationsreihe „100 Deutsche Jahre"

Am 3. Oktober, dem Tag der deutschen Einheit, beginnt die große Dokumentationsreihe über das Leben der Deutschen im 20. Jahrhundert. Produziert wurde die Serie vom Südwestfunk und der Deutschen Welle, dem Sender, der im Ausland ein umfassendes Bild des politischen, kulturellen und wirtschaftlichen Lebens der Bundesrepublik vermitteln soll.

Insgesamt sieben Jahre hat ein Redaktionsteam recherchiert und das Ergebnis ist beeindruckend: in 52 Folgen soll die deutsche Geschichte der letzten hundert Jahre gezeigt werden. Doch den Autoren geht es nicht um eine Chronik, sie wollen vor allem die Alltagsgeschichte präsentieren. Angefangen von der Kaiserzeit, über die Weimarer Republik, die Nazi-Diktatur bis hin zum Leben im wieder vereinigten Deutschland soll die Erfahrung der einfachen Leute im Mittelpunkt stehen. Die Serie soll auch in Englisch und Spanisch gesendet werden.

Beantworten Sie die Fragen:

(a) Was ist das Thema der Dokumentationsreihe?
(b) Wie viele Folgen gibt es?
(c) Was wollen die Autoren zeigen?
(d) In welchen Sprachen wird die Serie auch gezeigt?

Text B

If you would like to find out more about German-speaking countries on the Internet, use one of the many German search engines, such as http://www.yahoo.de or http://www.dino-online.de

Here is a sample of the topics which you can explore:

Bildung & Ausbildung
Hochschulen, Schulen...

Nachrichten & Medien
Spezial, TV, Zeitschriften, Zeitungen...

Computer & Internet
Internet, WWW, Software...

Nachschlagewerke
Bibliotheken, Wörterbücher, Postinfos...

Geisteswissenschaften
Psychologie, Geschichte, Sprachen...

Naturwissenschaft & Technik
Ingenieurwesen, Astronomie, Biologie...

Gesellschaft & Soziales
Umwelt, Religion, Museen...

Sport & Freizeit
Autos, Fußball, Spiele, Reisen...

Gesundheit
Medizin, Krankheiten, Ernährung...

Staat & Politik
Politik, Parteien, Recht...

Handel & Wirtschaft
Firmen, Finanzen, Jobs...

Städte & Länder
Österreich, Schweiz, Länder...

Kunst & Kultur
Kunst, Literatur, Theater...

Unterhaltung
Coole Links, Kino, Musik, Humor...

Where would you click if you wanted to find out more about a) magazines available in German b) the city of Zürich and c) current interest rates in Germany?

LISTENING COMPREHENSION TRANSCRIPTS

Lektion 1 Aufnahme 2

Moderator Herzlich willkommen, liebe Zuschauer, zu einer neuen Ausgabe von *Super-Preis*, das Superquizspiel, wo Sie mit einem Schlag 20.000 Mark gewinnen können.
Zuerst zu unseren Kandidaten. Kandidat 1. Können Sie sich bitte kurz vorstellen?

Martin Ja, ich bin der Martin, bin 32, geschieden und komme aus Apolda.

Moderator Nicht alle Zuschauer werden wissen, wo das liegt. Können Sie uns das kurz erklären?

Martin Das liegt im Freistaat Thüringen, in der Nähe von Weimar.

Moderator Gibt es denn etwas Besonderes dort?

Martin Wir haben ein Bockbierfest dort, das ist ziemlich bekannt.

Moderator Was machen Sie denn beruflich, Martin?

Martin Ich bin Krankenpfleger im örtlichen Krankenhaus.

Moderator Das ist wahrscheinlich ein zeitraubender Job. Bleibt Ihnen denn da noch Zeit für irgendwelche Hobbys?

Martin Nicht so viel. Aber ich gehe gern ins Kino und fahre sehr gern Ski.

Moderator So, das war unser erster Kandidat, Martin. Applaus, bitte. Und schnell weiter zu unserer zweiten Kandidatin, Petra.

Petra Mein Name ist Petra Wunderlich. Ich bin 44 Jahre alt, verheiratet und komme aus Salzburg in Österreich.

Moderator Ja, Salzburg kennt ja nun fast jeder, Mozart, die Mozartkugeln und so weiter. Was sind Sie denn von Beruf, Petra?

Petra Ich bin Hotelfachfrau. Mit meinem Mann führe ich eine kleine Pension, die „Pension zur Post". Wir haben 20 Betten.

Moderator Und was machen Sie in Ihrer Freizeit?

Petra	Nun, viel Zeit bleibt uns nicht, da wir das ganze Jahr über Gäste haben. Ich interessiere mich aber sehr für Geschichte und wenn ich Zeit habe, lese ich.
Moderator	Danke, danke. Applaus, bitte. Schnell zu Kandidat Nummer 3.
Max	Ja, ich bin der Max, 22 Jahre jung und single. Noch zu haben also…
Moderator	Und woher kommen Sie?
Max	Ich komme aus Norddeutschland, aus Lübeck.
Moderator	Und was machen Sie beruflich, Max?
Max	Ich bin Student. Ich studiere Mathematik.
Moderator	Und in Ihrer Freizeit? Was für Hobbys haben Sie?
Max	Ich liebe es gefährlich, mache Bungeespringen und in den Ferien gehe ich surfen.
Moderator	Gut. Das war Max. Danke schön. Und damit können wir nun mit der ersten Runde anfangen. Also …

Lektion 2 Aufnahme 2

Martina	Corinna, du bist 22 Jahre alt, wohnst seit zwei Jahren in München und arbeitest als Kellnerin. Wie sieht eigentlich dein Tagesablauf aus?
Corinna	Es kommt darauf an, ob ich Frühschicht oder Spätschicht arbeiten muss. Wir haben nämlich in der Gaststätte, wo ich arbeite, bis um Mitternacht durchgehend geöffnet. Wenn ich Spätschicht mache, komme ich erst gegen eins, halb zwei nach Hause. Ich stelle mich dann schnell unter die Dusche und gehe sofort ins Bett. Am nächsten Tag stehe ich dann meistens erst um neun oder halb zehn auf. Zum Frühstück trinke ich ein Glas Orangen- oder Grapefruitsaft und manchmal esse ich auch eine Scheibe Toast mit Marmelade oder Honig.
Martina	Da hast du dann ein paar Stunden Freizeit, oder?
Corinna	Ja. Bis vier Uhr nachmittags kann ich machen, was ich will. Einmal in der Woche bringe ich meine Wäsche zum Waschsalon. Ab und zu räume ich mein Zimmer auf. Aber das nimmt nicht allzu viel Zeit in Anspruch.
Martina	Was machst du also mit deiner Freizeit?
Corinna	Zweimal in der Woche – montags und mittwochs – habe ich Englischstunden. Da wir in der Gaststätte so viele Ausländer

haben, versuche ich meine Englischkenntnisse aufzufrischen. Sonst gehe ich mit meinem Freund ins Kino oder wir fahren nach Starnberg zum Windsurfen auf dem Starnberger See.

Martina   Und wie oft siehst du deine Eltern?

Corinna   Höchstens viermal im Jahr zu Weihnachten und bei Geburtstagen. Die wohnen ja in Würzburg, was ziemlich weit weg ist.

Martina   Und wie ist es mit dem Essen? Bekommst du deine Mahlzeiten hier im Restaurant umsonst?

Corinna   Oh, ja. Das versteht sich von selbst. In meinem Zimmer habe ich nur eine Kochnische mit einer Heizplatte und einem kleinen Kühlschrank.

Lektion 4 Aufnahme 2

Gerd   Du, Heiko! Lange nicht gesehen! Wie geht's dir?

Heiko   Hallo, Gerd! Gut, danke.

Gerd   Und was machst du jetzt für eine Arbeit?

Heiko   Ich unterrichte Deutsch als Fremdsprache im Sprachinstitut in der Herder-Straße.

Gerd   Und wie gefällt dir deine Arbeit?

Heiko   Im Allgemeinen sehr gut. Meine Studenten sind alle motiviert und fleißig, da sie es nötig haben, so schnell wie möglich die deutsche Sprache zu erlernen. Das einzige, was mir nicht so gut gefällt, ist die Bezahlung.

Gerd   Wenn das so ist, kannst du denn daraus einen richtigen Beruf machen? Oder hast du noch etwas ganz anderes vor?

Heiko   Naja, ich bin natürlich auf der Warteliste für eine Lehramtsstelle. Du weißt ja, dass ich eigentlich Gymnasiallehrer für Deutsch und Latein werden möchte. Aber da es momentan so viele Anwärter gibt, werde ich wohl noch mindestens ein bis zwei Jahre warten müssen. Und was machst du eigentlich zur Zeit?

Gerd   Ich mache gerade meinen Zivildienst in einem Heim für körperlich und geistig behinderte Kinder.

Heiko   Und was hast du danach vor?

Gerd   Ich möchte Sozialarbeiter werden. Im Raum Frankfurt werden zur Zeit viele Stellen für Sozialpädagogen angeboten.

Heiko   Das ist sicher auch kein einfacher Job! Auf jeden Fall wünsche ich dir viel Glück dabei.

Lektion 5 Aufnahme 2

Sebastian Mensch, ich bin vielleicht froh, dass die Sommerferien übermorgen anfangen!

Jochen Und ich erst! Was hast du denn eigentlich so geplant?

Sebastian Also, ich werde meinen Führerschein anfangen. Meine Eltern haben mich endlich in der Fahrschule angemeldet, und in zwei Wochen geht's los.

Jochen Bist du denn vorher schon mal gefahren?

Sebastian Wo denkst du hin! Ich will doch nicht riskieren, dass mir die Fahrerlaubnis für zwei Jahre entzogen wird! Das ist übrigens dem Peter passiert, und jetzt hat er das neue Auto zu Hause stehen, das ihm seine Eltern schon vorher gekauft hatten und kann nicht damit fahren …

Jochen Wie viel Stunden glaubst du denn, dass du brauchen wirst?

Sebastian Naja, zwanzig ist ja so der Durchschnitt – und wenn ich nicht durchfalle, müsste ich meinen Deckel Anfang des neuen Schuljahres schon haben! – Und was hast du denn eigentlich vor?

Jochen Meine Eltern haben mir versprochen, dass ich meinen dritten Tanzkurs machen kann. Da freue ich mich schon total drauf.

Sebastian Bist du da etwa immer noch dabei? Ich habe ja auch einen gemacht, vor etwa drei Jahren, aber einer hat mir gereicht. Ich gehe sowieso nur in die Disko, und da brauche ich ja so was nicht – höchstens mal bei meiner Hochzeit, und bis dahin habe ich wahrscheinlich schon wieder alle Schritte vergessen! Hast du denn eine Partnerin für den Kurs?

Jochen Ja, du kennst doch die Sybille, oder? Wir haben schon den ersten und zweiten Kurs zusammen gemacht, und nach dem dritten wollen wir in den Tanzclub eintreten und auch auf Turniere gehen.

Sebastian Da muss man doch ziemlich oft trainieren, oder? Glaubst du denn nicht, dass dir das zuviel wird?

Jochen Ach, außer dem Tanzen und dann noch meinem Schwimmtraining, mache ich eigentlich nichts weiter in meiner Freizeit. Und es ist ja eine gute Gelegenheit, neue Leute kennen zu lernen und sich auch fit zu halten.

Sebastian Sicherlich. Aber das wäre mir ehrlich gesagt zu viel. So eingebunden zu sein, würde mir überhaupt nicht gefallen. Ich persönlich ziehe es vor, meine Freizeit flexibel zu gestalten. Außerdem bin ich eher kulturinteressiert – Sport hat mich eigentlich schon immer gelangweilt.

Lektion 6 Aufnahme 2

Elke   Entschuldigen Sie bitte die Störung, aber darf ich Sie fragen, ob Sie für oder gegen ein Rauchverbot in Restaurants und Gaststätten sind?

Frau Merk   Ich bin auf jeden Fall dafür. Ich finde, es ist eine Zumutung, wenn ich beim Essen durch das Rauchen von anderen Gästen gestört werde.

Elke   Viele Gäste hier in der Gaststätte sagen aber, dass sie gerade dann rauchen möchten, wenn sie sich bei einem Glas Wein oder einer Tasse Kaffee entspannen.

Frau Merk   Ja, das mag wohl sein. Solche Leute vergessen aber meistens, dass ihr Rauchen eine negative Einwirkung auf ihre Mitmenschen hat. Und es gibt ja Menschen, die einfach allergisch sind gegen Zigarettenrauch.

Elke   Ja, aber sagen Sie ganz ehrlich. Kann man wirklich ein totales Rauchverbot in allen Restaurants und Gaststätten verhängen?

Frau Merk   Das wäre meines Erachtens nicht zu viel verlangt. Aber ich sehe auch ein, dass es noch eine Zeit lang dauern wird, bis diese Idee von der Mehrheit akzeptiert wird. Und in der Zwischenzeit wächst die Zahl der Restaurants, die das Rauchen entweder total oder zum Teil verbieten.

Lektion 7 Aufnahme 2

Silke   Ich hätte eine Frage, bitte. Wie komme ich am besten in die Stadt?

Dame   Mit dem Bus. Vom Flughafen fahren Sie mit der 109 bis zum Bahnhof Zoo.

Silke   Und wie teuer wär's mit einem Taxi?

Dame   Das würde Sie ungefähr das Zehnfache der Busfahrt kosten. Wenn Sie aber viel Gepäck haben, lohnt es sich vielleicht, mit einem Taxi zu fahren.

Silke Nein, viel Gepäck habe ich nicht. Bloß muss ich vom Bahnhof Zoo noch ein bisschen weiter fahren. Mein Hotel liegt nämlich in der Güntzelstraße.

Dame Kein Problem! Vom Zoo sind es nur drei U-Bahn-Stationen bis zur Güntzelstraße.

Silke Wo ist die Bushaltestelle?

Dame Durch diesen Ausgang, dann nach links. Zirka 50 Meter geradeaus. Da sehen Sie dann die Haltestelle auf der rechten Seite.

Silke Und wo kann ich eine Fahrkarte lösen?

Dame Im Bus beim Fahrer.

Lektion 8 Aufnahme 2

Martin Ja, was die typisch deutschen Eigenschaften angeht, glaubst du, dass die Engländer wirklich so verschieden von den Deutschen sind?

Darren Wahrscheinlich nicht. Aber die Kultur und die Mentalität sind irgendwie doch unterschiedlich. Ich finde zum Beispiel, dass dieses Klischee von der deutschen Gründlichkeit gar nicht so falsch ist.

Martin Tatsächlich? Das musst du mir aber näher erläutern!

Darren Naja, nimm doch nur mal die Ausbildung hier in Deutschland: man muss in diesem Land nicht unbedingt Abitur gemacht haben, um eine gute Stellung zu bekommen. Wer Hauptschulabschluss oder mittlere Reife gemacht hat, bekommt in der Lehre eine gründliche Ausbildung, sowohl praktisch als auch theoretisch, und macht eine richtige Abschlussprüfung, die ihm einen guten Start ins Berufsleben gibt.

Martin Aber ist das in England nicht genauso?

Darren Es ist weniger streng geregelt. Natürlich, wenn man A-Levels oder einen Universitätsabschluss hat, macht man zumeist ein gutes Training, aber ansonsten haben die Leute nicht so eine gründliche Ausbildung. Ich meine, in Deutschland macht man ja sogar als Verkäufer in einer Bäckerei oder Metzgerei eine dreijährige Ausbildung! Das gibt es in England kaum.

Martin Und wie sieht es mit der Schulbildung in England aus?

Darren Ja, die ist schon sehr gut. Aber zum Beispiel habe ich festgestellt, dass man in Deutschland Fremdsprachen viel mehr fördert, was ja heutzutage ungeheuer wichtig ist. Und dann finde ich auch, dass hier so viel Wert auf Qualifikationen gelegt wird. Es genügt nicht, wenn man zum Beispiel eine Fremdsprache spricht, um einen Job zu bekommen. Nein, man muss gleich einen entsprechenden Nachweis erbringen, dass man eine Prüfung oder Ausbildung in diesem Fach gemacht hat.

Martin Da hast du allerdings Recht! Es ist dir wahrscheinlich auch schon aufgefallen, dass man hier ungeheuer viel Wert auf Titel legt, zum Beispiel auf den Doktortitel! Früher war das selbstverständlich noch extremer. Die Kehrseite der Medaille ist allerdings, dass die Leistungsanforderungen und der Leistungsdruck schon in den Schulen so hoch sind, und in der Arbeitswelt noch viel höher. Man weiß gar nicht, wohin das noch führen soll!

Darren Aber die Gründlichkeit erstreckt sich nicht nur auf den Arbeitsbereich. Ich finde, dass die Deutschen im Allgemeinen ihre Freizeitaktivitäten viel systematischer angehen als die Engländer. Sehr viele Leute betreiben ihr Hobby in einem Club und Talente werden sofort gefördert.

Martin Mmmh …. ich weiß nicht so recht. Das ist zwar alles nicht ganz falsch, was du da festgestellt hast. Aber ich bin doch sehr skeptisch, was diese typisch deutschen Eigenschaften angeht. Sicherlich ist da ein Körnchen Wahrheit dran, aber ich glaube, man kann all diese Eigenschaften auch bei Menschen anderer Nationalität feststellen.

Darren Na, ich bin nicht so sicher! Du erscheinst mir zwar auch nicht wie der typische Deutsche.

Lektion 9 Aufnahme 2

Bürgerin Entschuldigung, aber warum werfen Sie denn Ihre leere Bierdose auf die Wiese? Da vorne ist doch ein Abfalleimer!

Roland Häh? Was geht Sie das denn an? Und außerdem, die Parkarbeiter, die sollen auch mal was arbeiten, dafür werden sie ja schließlich bezahlt, von meinen Steuern!

Bürgerin Also, Sie haben vielleicht eine Auffassung – wenn jeder so denken würde wie Sie, dann würden wir bald im Müll ersticken und der Park wäre eine Müllhalde.

Roland	Ach, sind Sie etwa auch so einer, der dauernd von Umwelt und Recycling schwafelt? Davon habe ich die Nase schon lange voll. Wem nützt das denn überhaupt? Ist doch sowieso alles schon zu spät. Und dieser ganze Quatsch mit dieser Müllsortierung – da habe ich in meiner Freizeit ehrlich Besseres zu tun als daran zu denken, was in welche Tonne kommt.
Bürgerin	Recycling ist eine sehr sinnvolle Sache – wenn wir jetzt nichts für die Umwelt tun, wie sieht denn dann das Leben für unsere Kinder aus? Und wenn wir schon von Recycling reden: Dosen werden jetzt auch getrennt gesammelt!
Roland	Wollen Sie mich jetzt auf den Arm nehmen? Soll ich jetzt etwa zum Container rennen, nur um eine einzige Blechdose wegzuwerfen? Das können Sie ja machen, wenn Sie wollen!
Bürgerin	Sie könnten die Dose ja in Ihre Tasche packen und später entsorgen. Damit hätten Sie zum einen die Wiese sauber gehalten und zum anderen was für die Umwelt getan.
Roland	Wenn Sie glauben, dass Sie mich bekehren können, haben Sie sich getäuscht. Das Leben ist kurz genug und ich will mich amüsieren. Für Ihre Moralpredigten habe ich keine Zeit. Und jetzt lassen Sie mich in Ruhe!
Bürgerin	Ich sehe schon, Sie sind einer von denen, die erst saftige Geldstrafen zahlen müssen, bevor Sie irgendetwas tun! Und das ist dann zum Glück wirklich nicht meine Sache!

Lektion 10 Aufnahme 2

Unser erstes Thema heute ist Deutschland. Sie wissen sicherlich, dass Deutschland mit seinen über 81,5 Millionen Einwohnern der bevölkerungsreichste Staat in Europa ist – sieht man einmal von Russland ab – aber wie ist das flächenmäßig? Ist Deutschland auch größer als Großbritannien, größer als Frankreich? Nun, stellen Sie sich einmal die Europakarte vor – Deutschland in der Mitte, Großbritannien als Insel – nun, es ist tatsächlich um einiges größer als Großbritannien – das Vereinigte Königreich umfasst 244 100 km^2 und Deutschland 357 022 km^2- aber im Vergleich zu Frankreich – nun, da kann man zu Recht von der „Grande Nation" sprechen: mit 543 000 km^2 ist es mehr als doppelt so groß wie Großbritannien und auch um einiges größer als Deutschland.

Von der Bevölkerungsdichte her leben wir hier also ziemlich zusammengedrängt, verglichen mit unseren europäischen Nachbarn. Aber wer sind eigentlich unsere Nachbarn? Haben Sie schon mal darüber nachgedacht, mit wie vielen Ländern Deutschland eine Grenze hat? Nun, wahrscheinlich fangen Sie jetzt an zu zählen, Dänemark im Norden, Polen ja … Lassen Sie sich ein wenig Zeit und in der Zwischenzeit wenden wir uns unseren eigenen Ländern zu. Wie Sie wissen, besteht Deutschland ja aus 16 Bundesländern, einschließlich der Stadtstaaten Hamburg und Bremen und auch Berlin. Wenn ich Sie fragen würde, welches Bundesland die meisten Einwohner hat, so werden die meisten sicherlich nicht lange zögern und Nordrhein-Westfalen sagen, das tatsächlich mit dem Ballungsraum Ruhrgebiet mit fast 18 Millionen Menschen unangefochten vor Bayern mit etwas mehr als 12 Millionen liegt. Die wenigsten Einwohner hat im übrigen Bremen, mit etwa 700 000. Doch wissen Sie auch, welches Bundesland flächenmäßig am größten ist? Nun, ich nehme an, dass dies viele unserer süddeutschen, genauer unserer bayrischen Hörer wissen werden, denn tatsächlich ist Bayern das größte Bundesland. Nordrhein-Westfalen – im übrigen – liegt flächenmäßig nur an vierter Stelle, noch hinter Niedersachsen und Baden-Württemberg.

Aber lassen Sie uns auf unser Problem zurückkommen, mit wie vielen Staaten Deutschland eine gemeinsame Grenzen hat, und wenn Sie mittlerweile mit dem Zählen aufgehört haben und bei 10 angekommen sind… dann haben Sie sich verzählt! Insgesamt sind es nämlich neun Länder: Dänemark im Norden, die Niederlande, Belgien, Luxemburg und Frankreich im Westen, die Schweiz und Österreich im Süden und die Tschechische Republik und Polen im Osten.

Diese einzigartige Mittellage Deutschlands war historisch natürlich nicht ganz unproblematisch, womit wir auch bei einem anderen Thema angelangt wären: der Politik.

Sie werden wissen, dass die wichtigsten politischen Entscheidungen im Bundestag – unserem Parlament – gefällt werden. Aber wie viele Abgeordnete hat der Bundestag eigentlich? Mehr als 500? Weniger als 500? Nun, es sind weit mehr: 656. Und durch unser Wahlsystem kann die Anzahl sogar noch steigen. Und diese 656 Abgeordneten wählen dann den Bundeskanzler, der dann seine Minister benennt und somit die größte politische Macht besitzt. Der Bundespräsident – anders als zum Beispiel in den USA – hat dagegen weitgehend nur repräsentative Aufgaben: Er prüft, ob Gesetze verfassungsgemäß zustande gekommen sind, ernennt und entlässt Bundesrichter und Bundesbeamte und ernennt und entlässt auch die Bundesminister, die vom Bundeskanzler vorgeschlagen wurden.

Diese Reduzierung der Macht lag den Vätern unseres Grundgesetzes besonders am Herzen, genauso wie ein anderer Aspekt: das föderalistische Prinzip, das ein Grundpfeiler unserer politischen Struktur ist. Aber darüber mehr in der nächsten Woche.

So, damit sind wir zum Ende unseres ersten Teiles gekommen, und bevor Sie uns, liebe Zuhörerinnen und Zuhörer, direkt anrufen können – spielen wir schnell noch ein paar Takte Musik…

KEY TO THE EXERCISES

Lektion 1

1 (a) **F**. Die Arbeit macht ihr viel Spaß. (b) **F**. Sie hat vier Jahre in Bristol gelebt. (c) **R**. d) **F**. Er ist selbstständig [und hat ein kleines Architektenbüro in Köln]. (e) **F**. Sie geht zu einem Englishkurs für Fortgeschrittene. **2** (a) halbtags (b) Spaß (c) verheiratet (d) selbstständig (e) fließend (f) interessiert. *TIP 1* There are **4 ja/nein** questions (a) Frau Peters, können Sie ein bisschen über sich erzählen? (b) Und sind Sie berufstätig? (c) Sind Sie denn verheiratet? (d) Und haben Sie ein Hobby? and **2 w-questions** (a) Und welche Sprachen sprechen Sie? (b) Was macht denn Ihr Mann? *TIP 2* to study at: studieren an; to be married to: verheiratet sein mit **3** (a) in (b) nach (c) an (d) in (e) seit (f) aus (g) in (h) als **4** (b)-vi) (c)-v) (d)-i) (e)-vii) (f)-ii) (g)-iii) **5**

Name	Alter	Familienstand	Wohnort	Beruf	Hobbys
Martin	32	geschieden	*Apolda, in Thüringen*	Krankenpfleger	Kino, Ski fahren
Petra	44	verheiratet	Salzburg, in Österreich	*Hotelfachfrau*	Geschichte, Lesen
Max	22	ledig/single	Lübeck, in Norddeutschland	Student der Mathematik	Bungeespingen, Surfen

6 1. (b) 2. (a) 3. (b) 4. (c) 5. (b). **7** (a) Können Sie sich bitte kurz vorstellen? (b) Was sind Sie von Beruf? (c) Was machen Sie in Ihrer Freizeit? (d) Was für Hobbys haben Sie? (e) Ich gehe gern ins Kino. (f) In den Ferien gehe ich surfen. **8** (a) die (b) die (c) die (d) das (e) der (f) der (g) das (h) das (i) die. **9** (a) Er fährt fast jedes zweite Wochenende dorthin. (b) Sie studiert Film [an der HdK]. (c) Sie studiert Medizin [in

Göttingen]. (d) Sie arbeitet in einer Kneipe. (e) Sie will ihr das Berliner Nachtleben zeigen. (f) Er findet die meisten Leute sehr offen. / Er findet, dass die meisten Leute sehr offen sind. **10** (a) ...schon seit langem besuchen. (b) ... aus Hannover. (c) ... ganz schön kostspielig. (d) ... sie einen Studienplatz an der HdK bekommen hat. (e) ... Kinderärztin werden. (f) ... alte Schulfreundin von ihr. (g) ... Menschen aus der ganzen Welt treffen. (h) ... sehr lebendig.

Mehr Übungen

1

der	die		das
Mittwoch	Woche	Sprache	Silber
Sonntag	Natur	Pension	Gold
Sommer	Landschaft	Fußballmannschaft	Gymnasium
Winter	Region	Freundschaft	Mädchen
Dezember	Passion	Nationalität	Märchen
Schnaps	Rose	Identität	Tanzen
Wein	Temperatur	Intelligenz	Schwimmen
Ferrari			
Opel			

2 (a) Berufe (b) Kurse (c) Gäste (d) Häuser (e) Schnäpse (f) Kneipen (g) Städte (h) Züge (i) Restaurants (j) Büros. **3** (a) Sind Sie Deutscher/Schweizer? (b) Wo sind Sie aufgewachsen? (c) Welche Sprachen sprechen Sie? (d) Was sind Sie von Beruf? (e) Sind Sie verheiratet? (f) Haben Sie Kinder? (g) Was für Hobbys haben Sie?
4

– Ja, natürlich. Mein Name ist Matthias Brandt und ich bin 1955 in Hannover geboren, aber seit 20 Jahren wohne ich in Berlin.

- Ja, ich bin selbstständig. Ich bin Architekt.

- Ja, und ich habe eine Tochter, Steffi. Sie ist Studentin und studiert an der Universität Heidelberg.

- Ich gehe gern ins Kino und ich lese gern. Ich interessiere mich auch für Sprachen.

- Ja, die Menschen in Berlin sind sehr freundlich und die Stadt ist wirklich interessant.

Lesetext 1

1 (a) Er ist 18 Jahre alt. (b) Er hat ihn seit zwei Monaten. (c) Ja, seine Hobbys sind Computerspielen, Internetsurfen, Chatten. (d) Er hat es seit einer Woche. (e) Das Auto [die Kiste] frisst [braucht] so viel Benzin.

Lesetext 2

1 (a) Ulrike, 35 years old. (b) 3 sons – Florian, 9, Kai, 6 and Lukas nearly 3. (c) Doctor's receptionist; 20 hours per week. (d) She often gets out with the children – e.g. inline skating, cycling, swimming. (e) Flea markets, reading and her computer **2** (a) unendliche(n) Weiten (b) allein erziehende Mutter (c) Flohmärkte (d) recht häufig (e) Viel Vergnügen!

Lektion 2

1 (a) **F.** Er steht gegen halb acht auf. (b) **R.** (c) **F.** Es ist nur zehn Minuten zu Fuß. (d) **F.** Normalerweise isst er in der Mensa. (e) **R.** (f) **F.** Abends bleibt er zu Hause / Abends liest er die Zeitung, schaut Nachrichten im Fernsehen, manchmal noch einen Film. Gewöhnlich liest er oder hört Radio oder eine Schallplatte. **2** (a) aufstehen (b) frühstücken (c) einkaufen gehen (d) beginnen (e) besuchen. **3** (a) Mein Tagesablauf beginnt morgens gegen halb acht. (b) Zum Frühstück trinke ich Orangensaft und esse ein Croissant mit Marmelade. (c) Normalerweise gehe ich gegen acht Uhr aus dem Haus. (d) Meistens arbeiten wir bis 18.00 Uhr. (e) Am Wochenende besuchen wir öfters Freunde oder gehen essen. (f) Zum Windsurfen fahren mein Freund und ich am Wochenende an den Starnberger See. **4** (Other answers are also possible.) Gegen halb acht steht Herr Müller normalerweise auf. Anschließend frühstückt er. Am Vormittag arbeitet er zu Hause am Schreibtisch. Zwischen zwölf und zwei isst er in der Mensa. Am frühen Nachmittag oder sogar erst am frühen Abend gibt er seine Seminare an der Universität. Wenn er keine Seminare hat, geht oder fährt er am frühen Nachmittag nach Hause. Abends liest oder hört Musik. **5** (a) bis um Mitternacht (b) gegen eins, halb zwei (c) geht sie ins Bett (d) um neun, halb zehn (e) Orangen- oder Grapefruitsaft (f) vier Uhr nachmittags (g) Englischstunden (h) viermal im Jahr. **6** 1 (b) 2 (c) 3 (a) 4 (c) 5 (b). **7** (a) Es kommt darauf an … (b) gegen eins. (c) Ich stelle mich schnell unter die Dusche. (d) eine Scheibe Toast. (e) ab und zu (f) höchstens viermal im Jahr. (g) zu Weihnachten. (h) bei Geburtstagen **8** anfangen, abwaschen, abräumen, stattfinden, mitgehen, abholen, zumachen, einladen, ausmachen, einkaufen. **9** (a) fangen … an/finden …

statt. (b) bereitet … vor. (c) waschen … ab. (d) räumt … ab. (e) findet … statt. (f) sehen … fern. (g) lädt … ein. (h) auffrischen. **10** (a) Sie steht um 7.00 auf. ✓ (b) Zum Früstrück isst sie Croissants. ✗ (c) Nach dem Frühstück liest sie Zeitung. ✓ (d) Sie besucht gerne eine ihrer Freundinnen. ✓ (e) Meistens isst sie in einem Restaurant zu Mittag. ✗ (f) Ihr Hobby ist Stricken. ✓ (g) ✓ (h) Sie geht gegen 22.00 Uhr ins Bett. ✗ **11** (a) … langweilig? (b) … um 7 Uhr auf. (c) … auf meinem Balkon. (d) … für Politik. (e) … zu Mittag. (f) … in die Umgebung. (g) … zu stricken. (h) … gar kein Interesse.

Mehr Übungen

1 (b) stellen (c) abwaschen (d) laufen (e) treiben (f) geben (g) aufräumen (h) stricken (i) kochen (j) sich … anschauen (k) machen (l) auffrischen. **2** (a) Claudia fährt im Winter mit der U-Bahn zur Universität. (b) Kommst du heute Abend mit ins Kino? (c) Theo und Anke gehen in der Mittagspause zu Fuß ins Restaurant. (d) Manfred fährt nachmittags mit seinem Auto zu seinem Freund ins Krankenhaus. (e) Hans Martinek geht oft nach der Arbeit ins Fitnesscenter. (f) Frau Tiedke kauft abends noch schnell im Supermarkt ein. (g) Die Fuhrmanns wollen nächstes Wochenende eine Radtour an die Ostsee machen. **3** (f) (b) (h) (g) (j) (a) (c) (e) (i) (d).

4

– Während der Woche stehe ich gewöhnlich gegen sieben Uhr auf, am Wochenende meistens gegen halb zehn.

– Normalerweise hole ich Brötchen von der Bäckerei. Dann koche ich Kaffee und esse Brötchen mit Marmelade und Butter und trinke ein Glas Saft. Gewöhnlich lese ich auch die Zeitung.

– Meistens fahre ich mit dem Auto und nur selten mit dem Bus.

– Gewöhnlich habe ich zwischen 12 Uhr 30 und 13 Uhr 15 Mittagspause. Meistens esse ich in meiner Firma und nur gelegentlich esse ich in einem Restaurant zu Mittag.

– Gewöhnlich schaue ich Nachrichten im Fernsehen, lese ein Buch oder höre Radio.

– Manchmal besuche ich Freunde oder meine Eltern, gehe gelegentlich spazieren oder mache die Arbeit, die während der Woche liegen geblieben ist. Sonntags mache ich manchmal Tagesausflüge in die Umgebung.

Lesetext

(a) The percentage of Germans who can start the day free of stress. (b) 56% go by car. Some just find it more convenient, others live so far out of town that there is no other possibility for them than using their own car. (c) By public transport, rail or bus. (d) A good feeling that they are doing something for the environment.

Lektion 3

1 (a) Bei der Deutschen Bank. (b) Es ist schwierig, Arbeit zu finden. (c) Ungefähr 1,8 Millionen. (d) Englisch. (e) Nach Florenz, in Italien. **2** (a) bestehen (b) Stellung (c) überfüllt (d) aufnehmen (e) mache Gebrauch von (meinen Englischkenntnissen). **3** (a) **F**. Für Akademiker in Deutschland bestehen Schwierigkeiten, Arbeit zu finden. (b) **F**. Birgit kennt sehr viele Leute, die studiert haben und jetzt arbeitslos sind. (c) **R**. (d) **R**. (e) **F**. Birgit macht in ihrem Beruf jeden Tag von ihren Englischkenntnissen Gebrauch. *TIP 1* Heinz says: Hast du das aufgeben müssen? **and not** Musstest du das aufgeben? **4** (a) gearbeitet (b) studiert (c) beworben (d) passiert (e) verbracht (f) gegangen (g) geworden (h) gefahren (i) besucht (j) verkauft. Verbs which take **sein** are: (d) passieren (f) gehen (g) werden (h) fahren. **5** (a) Dort habe ich auch die Schule besucht. (b) Mit 19 Jahren habe ich das Abitur bestanden. (c) Danach habe ich eine Lehre angefangen. (d) Ich habe mich bei der Dresdner Bank beworben. (e) Es gab viele Bewerber, aber ich hatte Glück. (f) Ich durfte auch 3 Monate in einer Zweigstelle in New York arbeiten. (g) Dort habe ich viel gelernt und ich konnte auch mein Englisch verbessern. (h) Vor einem Jahr habe ich meine Banklehre abgeschlossen. **6** (a) Dort besuchte ich auch die Schule. (b) Mit 19 Jahren bestand ich das Abitur. (c) Danach fing ich eine Banklehre an. (d) Ich bewarb mich bei der Dresdner Bank. (e) Es gab viele Bewerber, aber ich hatte Glück. (f) Ich durfte auch 3 Monate in einer Zweigstelle in New York arbeiten. (g) Dort lernte ich viel und ich konnte auch mein Englisch verbessern. (h) Vor einem Jahr schloss ich meine Banklehre ab. **7** (a) Grundschule (b) Orientierungsstufe (c) Hauptschule (d) Realschule (e) Gymnasium (f) Berufsschule (g) das Abitur (h) Staatsexamen. **8** (a) Peter wird nächsten Sommer in die Schule kommen. (b) Das Seminar wird um 16.00 Uhr anfangen. (c) Frau Dr. Martini wird die Vorlesung halten. (d) Susanne wird ihre Lehre bei der Telekom machen. (e) Ich werde meinen Sprachkurs in Madrid machen. (f) Ich werde in zwei Wochen meinen neuen Job anfangen. **9** (a) **F**. Vera studiert Anglistik in vierten Semester. (b) **R**. (c)

F. Ilona will Ende nächsten Semesters das Staatsexamen ablegen. (d) **F.** Sie wird sich beim Umweltministerium bewerben. (e) **R**. (f) **R**. **10** There are two examples: (a) Ich werde mich ... bewerben. (b) ..., wird hoffentlich wieder Nachfrage bestehen. **11** (a) Ist hier noch frei? (b) Ich studiere Anglistik im dritten Semester. (c) Du hast aber Glück! (d) Ende nächsten Semesters will ich das Staatsexamen ablegen. (e) Und was möchtest du [dann] werden? (f) Und was hast du vor? (g) Ich möchte Gymnasiallehrerin für Englisch werden. (h) Es hat viel Spaß gemacht.

Mehr Übungen

1 (a) machen (b) bewerben (c) studieren (d) durchführen (e) treffen (f) lesen (g) besuchen (h) unterrichten (i) diskutieren (j) schreiben (k) ablegen (l) feiern.
Verbs which do not take ge- are: bewerben, besuchen, diskutieren, studieren, unterrichten.

2

ei - i - i	i - a - u	ei - ie - ie	ie - o - o	e - a - o
leiden	finden	steigen	anziehen	helfen
reißen	singen	treiben	fliegen	nehmen
schneiden	trinken		schießen	sprechen
			verbieten	sterben
			verlieren	

The seven verbs which take sein are: fahren, fliegen, laufen, schwimmen, steigen, sterben, wachsen.

3 (a) Morgen besuchen wir unsere Eltern. (b) Am Dienstag arbeite ich im Garten. c) Demnächst lassen wir das Haus renovieren. (d) Ich fange bald mit meinem Englischkurs an. (e) Im Oktober fahren wir nach England. (f) Im September kommt Martin in die Schule. (g) In zwei Wochen fange ich meinen Job als Bedienung an. (h) Übermorgen gehe ich zum Friseur. (i) Am Wochenende gehen wir zum Windsurfen. (j) Übrigens, das Abendessen ist gleich fertig!

4
– Ich wollte eigentlich studieren, aber ich wollte auf keinen Fall arbeitslos werden. Deshalb will ich eine Lehre machen.

– Ich möchte unbedingt eine Schreinerlehre machen. Aber die Leute mit Hauptschulabschluss oder mittlerer Reife haben da größere Chancen.

- Ich weiß, daß sich immer mehr Leute mit Abitur um diese Stellen bewerben. Aber ich möchte lieber kreativ arbeiten als einen Bürojob machen.
- Dann möchte ich Biologie studieren und Lehrer werden. Hoffentlich wird dann wieder Nachfrage nach Lehrern bestehen, wenn ich mit dem Staatsexamen fertig bin.

Lesetext

(a) Im Schnitt 27,9 Jahre alt. (b) 22 Jahre alt. (c) In Großbritannien studiert man im Durchschnitt weniger als vier Jahre und in Deutschland über sieben Jahre. (d) In Japan. (f) Über sieben Jahre [wie die Deutschen]. (g) In Italien.

Lektion 4

1 (a) Sie geht dort zu einem Ingenieur-Kongress. (b) Sie sind immer noch eine Minderheit. (c) Er arbeitet seit sieben Jahren bei seiner Firma. (d) Die Firma stellt Werkzeugmaschinen her. (e) Er fliegt nach Budapest, um dort Verhandlungen mit einer ungarischen Firma zu führen. (f) Er möchte mehr Zeit für seine Frau und Kinder haben. (g) Beide reisen gern. 2 (a) bilden (b) herstellen (c) beschäftigt (d) im Allgemeinen (e) zufrieden. *TIP 1* (a) Ja, **wenn** man so ein bisschen genauer hinschaut, findet man heutzutage Frauen in fast jedem Beruf. (b) Und was sind Sie von Beruf, **wenn** ich fragen darf? (c) Zeitmangel ist ja eins der größten Probleme, **wenn** man berufstätig ist. 3 (a) Frau Kubig kommt aus Stuttgart und sie ist Bauingenieurin. (b) Sie fährt nach Wien, denn sie möchte einen Kongress besuchen. (c) Herr Krause ist kein Ingenieur, sondern er ist leitender Angestellter. (d) Seine Arbeit gefällt ihm, denn er lernt viele neue Dinge. (e) Er reist viel, aber Geschäftsreisen nehmen viel Zeit in Anspruch. (f) Trinken Sie noch Kaffee oder brauchen Sie jetzt einen Schnaps? (g) Machen Sie jetzt die nächste Übung oder möchten Sie eine Pause machen? 4 Herr Johnson lernt Deutsch, weil ... (a) er geschäftlich oft in München ist. (b) er Verhandlungen auf Deutsch führen muss. (c) er die *Süddeutsche Zeitung* lesen möchte. (d) er gern Weine aus Rheinhessen trinkt. f) seine Freundin aus Berlin kommt. 5 (a) Deutsch als Fremdsprache (b) sehr gut (c) die Bezahlung (d) Gymnasiallehrer (e) Zivildienst (f) anstrengend (g) Sozialarbeiter 6 1)-(c) 2)-(a) 3)-(c 4)-(b) 7 (a) Lange nicht gesehen. (b) Und was machst du jetzt für eine Arbeit? c) im Allgemeinen d) Sie haben es nötig ... e) wenn das so ist f) wie du weisst g) Wie kommst du

denn zurecht? h) Es gefällt mir sehr gut. **8** (a) Normalerweise arbeitet sie von neun Uhr morgens bis halb fünf oder fünf Uhr abends. (b) Die Arbeitsatmosphäre ist sehr gut. Mit ihren Kollegen arbeitet sie gut im Team zusammen. (c) Ihr gefällt es, dass ihr Job sehr kreativ ist und ihr gefällt die Arbeit im Team. (d) Ihr gefällt nicht, dass sie oft unter Termindruck arbeiten muss. (e) Sie verdient etwa 3000,- Euro brutto. (f) In ein paar Jahren möchte sie sich selbstständig machen. **9** (a) Termindruck (b) Bezahlung (c) Teilzeitkraft (d) Vollzeitkraft (e) Urlaubsgeld (f) Weihnachtsgeld (g) Rentenversicherung (h) selbstständig (i) Verantwortung (j) Herausforderung **10** (a) ... einer PR-Firma. (b) ... ist generell sehr gut. (c) ... für Humor. (d) ... langweilig. (e) ... zufrieden. (f) ... Termindruck arbeiten muss. (g) ... selbstständig machen. (h) ... richtige Herausforderung.

Mehr Übungen

1 (i) The job titles are: Bauingenieur, leitender Angestellter, Angestellter und Beamter

ii) (a) Arzt → Ärztin, Koch → Köchin, Rechtsanwalt → Rechtsanwältin, Tierarzt → Tierärztin, Zahnarzt → Zahnärztin (b) Psychologe → Psychologin (c) Feuerwehrmann → Feuerwehrfrau, Friseur → Friseuse, Krankenpfleger → Krankenschwester

2 (a) Friseuse (b) Ärztin (c) Klempner (d) Lehrerin (e) Kellner (f) Apothekerin (g) Übersetzer (h) Landwirt (i) Psychologin (j) Aktienhändlerin (k) Architektin.

3 i) (a) Herr Krause fliegt oft nach Budapest, weil er dort geschäftlich zu tun hat. (b) Claudia gefällt ihr Beruf, obwohl sie oft unter Termindruck arbeiten muss. (c) Sie arbeitet gern im Team, weil ihre Kollegen alle Sinn für Humor haben. (d) Sie möchte sich selbstständig machen, obwohl das mehr Stress bedeutet. (e) Claudia möchte eine eigene Firma gründen, weil dies eine Herausforderung ist.

ii) (a) Weil er dort oft geschäftlich zu tun hat, fliegt Herr Krause oft nach Budapest. (b) Obwohl sie oft unter Termindruck arbeiten muss, gefällt Claudia ihr Beruf. (c) Weil ihre Kollegen alle Sinn für Humor haben, arbeitet sie gern im Team. (d) Obwohl das mehr Stress bedeutet, möchte sie sich selbstständig machen. (e) Weil dies eine Herausforderung ist, möchte Claudia eine eigene Firma gründen.

4

– Ich bin Bauingenieurin und bin im Allgemeinen sehr zufrieden mit meinem Beruf. Mir gefällt besonders, dass ich soviel reisen kann. Aber natürlich ist Zeitmangel eines meiner größten Probleme. Und was machst du jetzt?

– Das stelle ich mir aber sehr schwierig vor. Was willst du jetzt machen?

– Gute Idee! Zur Zeit werden ja viele Stellen angeboten, die auf diesem Gebiet Kenntnisse verlangen. Ich wünsche dir viel Glück dabei.

Lesetext

1 Personal data, schooling, higher education, placements, work experience, special skills, IT skills.

2 (a) Ihre Kindheit verbrachte Maria in München. (b) Ihr Abitur machte sie 1989. (c) Sie studierte von Oktober 1989 bis Juni 1995, nicht ganz sechs Jahre. (d) Nach ihrem Studienabschluss arbeitete sie bei Uni-Lever. (e) Sie ist Referentin für Personalfortbildung (bei Hapag-Lloyd).

Lektion 5

1 (a) **R**. (b) **R**. (c) **F**. Sie findet Sport langweilig. (d) **F**. Sie sagt, dass es in München sehr viele Möglichkeiten gibt. (e) **R**. (f) **F**. Sie interessiert sich für Theater, geht aber auch regelmäßig in Ausstellungen. **2** (a) Ich interessiere mich eben für alles, was … (b) Was ich ganz toll finde, ist … c) Ich schätze die Klassiker… (d) Im Allgemeinen ziehe ich … vor. e) Das interessiert mich nicht. f) Sport hat mich schon immer gelangweilt. **3** (a)-vi) (b)-vii (c)-ii (d)-v (e)-iv (f)-i (g)-viii (h)-iii. **4** (b) an (c) an/über (d) um (e) mit/über (f) mit (g) mit/über (h) von (i) auf **5** (a) Ärgern Sie sich über das Wetter? (b) Verstehen Sie sich gut mit Ihren Kollegen? (c) Glauben Sie an Ufos? (d) Interessieren Sie sich für Kunst? (e) Können Sie sich für Techno-Musik begeistern? (f) Freuen Sie sich auf die Ferien? **6** (a) Führerschein (b) dritten (c) Turnieren (d) schwimmt (e) Leute (f) eingebunden (g) flexibel **7** 1 (b) 2 (c) 3 (a) 4 (b) *TIP 2* (a) Er sagt, es ist eine gute Gelegenheit, neue Leute kennen **zu** lernen. (b) Sebastian meint, es würde ihm nicht gefallen, so eingebunden **zu** sein. (c) Er zieht es vor, seine Freizeit flexibel **zu** gestalten. (d) Nein, es gefällt mir **zu** trainieren. **8** (a) … in die Disko zu gehen. (b) … bald meinen Füherschein zu machen. (c) … ein Bier zu trinken. (d) … nachher ins Restaurant zu gehen. (e) … noch Karten für das Konzert zu bekommen. (f) … meine Freizeit selbst zu gestalten. **9** (a) **F**. Sie geben nächstes Wochenende eine große

Party.(b) **F**. Sie fahren mit ihrem Kegelclub nach England. (c) **R**. d) **F**. Ihr gefälltes, dass man öfter neue Leute trifft. (e) **R**. (f) **F**. Sie haben schon Städtereisen mit dem Club gemacht. **10** i) (a) …viele Vorteile. (b) mag ganz besonders c) auch gern mal d) … uns beiden doch viel Spaß machen. **ii)** (a) … längst genug. (b) … uns beiden nicht so gefällt. (c) … meinem Geschmack. (d) … mir überhaupt nicht gefallen. **11** (a) Habt ihr nächste Woche schon was vor? (b) Toll, da kommen wir gern. (c) Könnt ihr das nicht mal ausfallen lassen? (d) So ein Pech. (e) Das sagt uns auch nicht immer zu. (f) Also, ich hätte schon längst genug. (g) Das wäre ganz und gar nicht nach meinem Geschmack.

Mehr Übungen

1 (a) Ja, darauf freue ich mich sehr. (b) Nein, daran erinnere ich mich leider nicht. (c) Ja, ich bewerbe mich bestimmt darum. (d) Nein, darüber ärgere ich mich überhaupt nicht. (e) Ja, dafür interessiere ich mich ungeheuer. (f) Nein, darüber habe ich mich ganz und gar nicht gefreut.

2 (a)-iv) (b)-vi (c)-v (d)-i (e)-vii (f)-ii (g)-iii

3

– Ich schwimme seit acht Jahren für einen Club und bin auch Mitglied in einem Kegelclub.

– Manchmal denke ich ja auch, daß es ein bisschen zu viel ist. Aber es hat auch eine Menge Vorteile.

– Man trifft viele Leute. Man hält sich auch fit und sieht viele neue Orte, wenn man mit den Clubs auf Turnier geht.

– Doch, ich interessiere mich für Kultur, aber ich mag Sport lieber.

– Ehrlich gesagt ziehe ich moderne Musik vor, und ich gehe auch gerne ins Kino.

Lesetext 1

Salzburg lies 425 m above sea-level on the northern edge of the eastern Alps, almost in the centre of Austria. It can be reached easily by rail, car and air from all directions.

It has about 145,000 inhabitants. It is known throughout the world as the city of Mozart's birth (1756). It has had a music academy since 1953 and the university (founded in 1622) was re-established in 1962. Salzburg is also world-famous because of its festival, its spa and conference facilities.

Lesetext 2

1 (a) **R**. (b) **F**. Sie ist die drittgrößte Stadt Deutschlands. (c) **R**. d) (**F**. München hat 50 Millionen Tagesbesucher und drei bis vier Millionen

Übernachtungen pro Jahr. (e) **R**. 2 (a) Euro per square metre for rent in Munich. (b) Number of museums. (c) Number of theatres. (d) Number of daily commuters. (e) Inhabitants of Munich. (f) Overnight stays per year. (g) Day-trippers to Munich.

Lektion 6

1 (a) **R**. (b) **F**. Er sagt, die Antiraucherfanatiker sind schon viel zu weit gegangen. (c) **F**. Er ist Raucher. (d) **F**. Er sagt, sie verpesten die Luft. (e) **R**. (f) **F**. Er macht sich keine Sorgen. 2 (a) Ganz und gar nicht! (b) Das ist ja ein Witz! (c) Da ist bestimmt etwas dran. d) Das ist mir egal. (e) Mir macht das Rauchen unheimlich viel Spaß. *TIP 1* (a) Ganz und gar nicht. *Not at all.* (b) Das ist mir egal. *I don't care.* 3 Here are some possible answers: (a) Da bin ich ganz deiner Meinung. Da stimme ich mit dir überein. (b) Da bin ich Ihrer Meinung. (c) Da bin ich anderer Meinung./Da muss ich widersprechen. (d) Nein. Da bin ich (ganz) anderer Meinung. (e) Da bin ich deiner Ansicht. Da stimme ich mit dir überein. (f) Da bin ich ganz deiner Meinung/Da stimme ich mit dir überein. 4 (a) *Wie* (b) *Was* denkst du *über die* Politik … (c) *von der* d) *Sind* Sie *der* … (e) *darin überein* (f) *Wie* ist *deine/Ihre* Ansicht … 5 (a) für (b) Zumutung (c) entspannen (d) negative (e) allergisch (f) wächst 6 (a)-v (b)-vi (c)-i (d)-ii (e)-iii (f)-iv 7 (a) Darf (b) Könnt (c) kann (d) soll (e) will (f) Kannst (g) könnt, wollt, müsst 8 (a) Sie hat mit fünf Jahren schwimmen gelernt. (b) Seit zehn Jahren. (c) Am Anfang hat sie zweimal eineinhalb Stunden, also drei Stunden trainiert. (d) Nein, sie trainieren mit anderen zusammen. (e) Im Moment trainiert sie fünfmal pro Woche. (f) Sie sagt, es ist eine gute Methode, sich gesundheitlich fit zu halten. 9 (a) … du dieses Hobby denn schon? (b) … in einen Schwimmclub einzutreten. (c) … steigert sich das Trainingsprogramm. (d) … wofür man trainiert. (e) … gesundheitlich fit zu halten. (f) … in Schwung. (g) … am wenigsten. (h) … Muskeln des Körpers.

Mehr Übungen

1 (a) Wie ist Ihre Meinung/Ansicht über ….? (b) Wie finden Sie …? / Was halten Sie von …? / Was denken Sie über …? (c) Da müssen wir Ihnen widersprechen. (d) Stimmt das Ihres Erachtens? (e) Teilen Sie meine Meinung? (f) Da ist bestimmt 'was dran. (g) Da liegen sie völlig falsch. (h) Das sehen wir schon ein, aber … . 2 (a) des Rauchens (b) meines Bruders (c) der Fußballmannschaft (d) ihres Mannes (e) deiner Meinung

(f) Meines Erachtens (g) meiner beiden Brüder (h) Ihrer **3** (a) Berlin (b) stark (c) Problem (d) Zahl (e) zehnmal (f) Deutschland (g) anderthalb h) zwei (i) jahrelangen (j) Krebs (k) Menschen

There are four more examples of the genitive: i) … den Gefahren des stark zunehmenden Alkoholismus … ii) Die Zahl der Alkoholtoten … iii) … die der Drogentoten iv) … die Folgeschäden jahrelangen Alkoholmissbrauchs …

4

– Ich habe mir Sorgen um meine Gesundheit gemacht. Außerdem ist mein Mann allergisch gegen Rauch.

– Ja, sehr sogar. Ich bin der Meinung, dass das Rauchen in der Öffentlichkeit verboten werden sollte. Besonders in Restaurants, wenn Leute essen.

– Oh, ja. Hast du eigentlich deinen Alkoholkonsum gedrosselt?

– War das, weil du dir Sorgen um die Folgeschäden des Alkoholmissbrauches gemacht hast?

Lesetexte A und B

(a) Sie sollten jeden Tag zwei Gläschen Rotwein trinken. (b) Er heißt Resveratol. (c) Man kann vor dem Schlafengehen einen Teelöffel Bienenhonig zu sich nehmen. (d) Man hat dann weder Kopfschmerzen noch Schwindelgefühle.

Lesetext C

(a) A very special service. In addition to the many cars which you can smoke in, they have also reserved a model for non-smokers. (b) At almost all passenger airline airports. (c) At more than 400 offices, at a travel agent's or around the clock on the free-call number 1030/2211. (d) It's Germany's number 1 car rental company.

Lektion 7

1 (a) Sie möchte nächsten Freitag nach Berlin fliegen. (b) Um 19.20. (c) Um 20.25. (d) Sie möchte am Montagmorgen zurückfliegen. (e) Sie muss noch mit ihrer Chefin sprechen. **2** (a) wenn es *geht* (b) *die Maschine* (c) es sind noch Plätze *frei* (d) *startet* der letzte Flug (e) das wäre nicht so *schlimm* (f) *Was kostet … TIP 1* (a) Ich hätte gern gewusst, ob es abends nach 18.00 Uhr Flüge nach Berlin gibt. (b) Ich sehe mal auf dem Computer nach, ob noch Plätze frei sind. (c) Dann müsste ich auch noch

wissen, ob ich Sonntagabend oder Montag früh zurückfliegen könnte.
3 (a) Ist es möglich, die Spätmaschine zu nehmen? (b) Ich muss noch mal
mit dem Reisebüro sprechen. (c) Darf ich Ihr Telefon benutzen? (d)
Wissen Sie, wie teuer es mit dem Taxi ist? (e) Können Sie mir sagen, wo
man in Berlin gut ausgehen kann? (f) Habt ihr Lust, mit ins Kino zu
kommen? **4 i)** Entschuldigung. Könnten Sie mir sagen, ... (a) ... wie weit
es bis in die Stadtmitte ist? (b) ... was eine Tageskarte für die U-Bahn
kostet? (c) ... wie ich am schnellsten nach Charlottenburg komme? (d) ...
wo es hier in der Nähe eine Touristeninformation gibt? (e) ... ob das hier
vorne eigentlich die Gedächtniskirche ist? (f) ... wo man hier in der Nähe
gut essen gehen kann?
ii) Es tut mir leid, aber ich weiss nicht, ... a) .... wie weit es bis in die
Stadtmitte ist. b) ... was eine Tageskarte für die U-Bahn kostet. c) ... wie
Sie am schnellsten nach Charlottenburg kommen. d) ...wo es hier in der
Nähe eine Touristeninformation gibt. e) ... ob das hier vorne eigentlich die
Gedächtniskirche ist. f) ... wo man hier in der Nähe gut essen gehen kann.

5 (a) hätte (b) 109 (c) ungefähr (d) Güntzelstraße (e) drei (f) rechten (g)
im Bus **6** (a) i) zu ii) always takes the dative (b) i) über ii) because of
"gehen" it takes the accusative (c) i) in ii) because of "kommen" it takes
the accusative (d) i) in ii) it takes the dative because "befinden" puts the
emphasis on location (e) i) neben ii) it requires the dative because of
"sein" (f) i) von ii) "von" always takes the dative **7** (a) Sie lebt seit über
20 Jahren in Berlin. (b) Sie sagt, dass die Berliner Humor haben und
sagen, was sie denken. (c) Nach dem 1. Weltkrieg. (d) Es folgten 12 Jahre
Diktatur. (e) Im Brücke-Museum wird expressionistische Kunst gezeigt.
(f) Es bietet sehr viel – von eleganten Kaufhäusern bis hin zu alternativen
Läden. **8** (a) Geschichte (b) Dorf (c) Preußen (d) der 1. Weltkrieg
(e) expressionistische Kunst (f) die „Goldenen Zwanziger" (g)
Wiederaufbau (h) der Fall der Mauer (i) Einkaufen (j) Szene-Kneipen **9**
(a) ... in Berlin geblieben. b) ... sie Humor haben und offen sagen, was
sie denken. (c) ... dem 1. Weltkrieg zu einer Weltstadt wurde. (d) ... 12
Jahre Diktatur der Nationalsozialisten. (e) ... die Teilung der Stadt. (f) ...
expressionistische Kunst sehen kann. (g) ... bietet Berlin fast alles. (h) ...
viele Szene-Kneipen, Restaurants und Clubs.

Mehr Übungen
1 (a) der (b) die, zum (c) der (d) Zum, der (e) die, der (f) der, dem (g) den,
dem

2

– Wir sind hier in der Brandenburgischen Straße. Sehen Sie die Ampel an der nächsten Kreuzung?
– Dort biegen Sie rechts in die Düsseldorfer Straße. Nach ungefähr 300 Metern kommen Sie zur Konstanzer Straße. Gehen Sie über die Konstanzer Straße, ungefähr 300 Meter geradeaus, bis Sie zur Bayerischen Straße kommen. Biegen Sie an dieser Kreuzung links in die Bayerische Straße.
– Nein, nicht rechts, sondern links in die Bayerische Straße. Dann ungefähr einen Kilometer weiter kommen Sie zur Pariser Straße.
– Bitte schön.

3 *These are just some of the possibilities* **A:** Könnten Sie mir bitte sagen, wann die erste Maschine am Mittwoch nach München startet? **B:** Um 6.35 Uhr. **A:** Und welche Fluglinie wäre das denn? **B:** Das ist British Airways. **A:** Dann möchte ich noch wissen, wann die Maschine in München ankommt. **B:** Um 7.50 Uhr. **A:** Könnten Sie mir auch sagen, wann die letzte Maschine zurück nach Berlin startet? **B:** Um 20.35 Uhr. **A:** Und schließlich hätte ich gern gewusst, wann die Maschine in Berlin ankommt. **B:** Um 21.55 Uhr.

Lesetext

(a) **On Sunday/ Monday night:** Departure for Berlin. **Monday:** Arrival in Berlin at 8.00 am for a filling breakfast buffet in the Café Kranzler. Room allocation. A short tour of the city. Afternoon free. A communal dinner in the evening. **Tuesday:** Full-scale tour of the city. Communal dinner. **Wednesday:** Guided tour of Charlottenburg Castle. Afternoon free. **Thursday:** Visit to Potsdam. Communal lunch. Return journey around 3.00 pm. (b) **Included:** Return bus journey. 3 nights stay with breakfast. 1 breakfast buffet on arrival, 3 warm meals, guided tours and sight-seeing, luxury bus. (c) **Additional info:** Theatre tickets should be booked in good time. An address and phone number are given where tickets can be ordered for all events.

Lektion 8

1 (a) **F**. Er ist zum ersten Mal in Deutschland. (b) **R**. (c) **R**. (d) **F**. Sie sagte ihm, dass die Deutschen sehr früh aufstehen. (e) **F**. Er findet, dass die Straßen und Häuser in Deutschland viel sauberer und gepflegter aussehen. (f) **F**. Er meint, dass die Leute sich sehr viel Arbeit machen, wenn sie ein Fest vorbereiten, und dass Geburtstage viel mehr gefeiert werden (g) **F**. Er sagt, die Leute schicken sich sogar Karten, wenn sie nicht zusammen feiern. Das ist in England weniger der Fall. **2** (a) froh (b) arbeitsam (c) ordnungsliebend (d) sauber (e) gepflegt *TIP 1* Two examples of the comparative are: (a) … dass die Straßen und Häuser in Deutschland viel saube**r**er und gepflegte**r** aussehen. (b) Das ist in England wenige**r** der Fall. **3** (b) gastfreundlicher (c) toleranter (d) herzlicher (e) weltoffener (f) humorvoller **4** (a) -e (b) -en (c) -en (d) -en (e) -en, -en (f) -e (g) -en **5** (a) unterschiedlich (b) gründlich (c) guten (d) weniger (e) Fremdsprachen (f) viel Wert (g) hoch **6** (a) Nimm doch nur mal die Ausbildung in Deutschland. (b) So viel Wert wird auf Qualifikationen gelegt. (c) Die Kehrseite der Medaille ist allerdings der Leistungsdruck. (d) Ich weiß nicht, wohin das noch führen soll. (e) Ich glaube, dass die Deuschen im Allgemeinen ihre Freizeitaktivitäten viel systematischer angehen. (f) Da ist sicher ein Körnchen Wahrheit dran. (g) Du erscheinst mir nicht wie der typische Deutsche. **7** (a) Lothar sagt, dass das Essen in Italien fantastisch schmecke. (b) Herr Martinez meint, dass man in Berlin sehr gut einkaufen könne. (c) Frau Knoob findet, dass Hamburg einen wirklich tollen Hafen habe. (d) Gabriela ist der Meinung, dass Schottland wirklich interessant sei. (e) Frau Clemens findet, dass es die schönsten Strände in Brasilien gebe. **8** Here opinions may sometimes differ, but we suggest the following: (b) D (c) E (d) E (e) D (f) D (g) E (h) D. In the audio (a), (b), (d), (f) and (g) are mentioned. **9** (a) Sie meint, dass London eine schöne Stadt sei. (b) Sie dachte, dass die Engländer kühl und reserviert seien. (c) Sie sagt, dass sie nette Leute kennen gelernt habe. (d) Sie denken, dass die Deutschen sehr sauber und korrekt seien. (e) Sie glauben, dass sie sich nur von Bratwürsten mit Sauerkraut und Schweinebraten mit Klößen ernähren. **10** (a) … einfach super. (b) kühl und reserviert seien. (c) … nette Engländer kennen-gelernt. (d) … eigentlich fast so wie in Deutschland. (e) … früh aufstehen. (f) … mit Sauerkraut und Schweinebraten mit Klößen ernähren. (g) … will sie auf jeden Fall wieder nach England fahren.

Mehr Übungen

1 i) (a) -es (b) -er (c) -em (d) -es (e) -e, em (f) -e (g) -e (h) -en (i) -e
ii) (a) -es (b) -en (c) -en (d) -en (e) -en (f) -es (g) -e (h) -en (i) -es (j) -es
iii) (a) -e (b) -e (c) -en (d) -es, -es (e) -en (f) -e (g) -e (h) -es (i) -

2

– Ich habe mich weitgehend an die englische Lebensart angepasst, obwohl ich mich bemüht habe, meine deutsche Kultur und Sprache nicht zu vergessen.

– Ich weiß, dass sie existieren, aber glücklicherweise sind sie mehr die Ausnahme als die Regel. Manchmal fragen mich die Leute über die typisch deutschen Eigenschaften, wie die deutsche Gründlichkeit, oder ob die Deutschen wirklich so früh aufstehen und so hart arbeiten.

– Meistens lache ich und sage, dass ich sehr skeptisch bin, was diese typisch deutschen Eigenschaften anbelangt. Ich glaube, man kann sie auch in Menschen anderer Nationalität entdecken.

Lesetext A

(a) Sie reisten 77 Millionen Mal. (b) Italien vor Spanien und Österreich. (c) Immer mehr Touristen fliegen. (d) Im letzten Jahr gab es rund 15,5 Millionen Übernachtungen.

Lesetext B

(a) all together (b) the 400,00 foreigners living in Berlin (c) it's a service for the foreigners living in Berlin and a forum of understanding between Germans and ethnic minorities (d) it will stay on air – its future seems secured.

Lektion 9

1 (a) **F**. Er meint, dass die Politiker und die Industrie mehr unternehmen müssten. (b) **R**. (c) **F**. Sie ist der Meinung, dass wir ganz von der Atomkraft wegkommen sollten. (d) **F**. Beide sparen sehr viel Energie im Haus. (e) **R**. (f) **R**. **2** (a) Umweltschutz (b) Energien (c) Atomkraft (d) umweltfreudlich (e) Solarzellen (f) Energiesparlampen (g) Sprit **TIP 2** Here are examples from the text: (a) … auch die Politiker und die Industrie *müssten* mehr unternehmen. (b) Man *sollte* mehr Geld … (c) … wo und an welcher Stelle ich Energie noch aktiver einsparen *könnte*. (d) Von Atomkraft *sollte* man auf Dauer … (e) Biomasse könnte doch … (f) Abgesehen davon *müsste* die Sonnenenergie… (g) … das *wäre* vielleicht auch eine ganz gute Alternative … (h) … (mit) anderen Energiequellen arbeiten *sollten*. (i) … mit dem man die Autos betreiben *könnte*. (j) Die Autos *könnte* man auch abschaffen. (k) Was man da an Sprit sparen *würde* .. (l) … das *wäre* eine tolle Maßnahme! (m) … das *wäre* auch super.

3 possible answers:

(a) Umwelt*schutz*
(b) Energie*quellen*
(c) Energie*sparlampe*

(d) Atom*kraft*
(e) Energie*sparen*
(f) Bio*masse*

(g) Sonnen*energie*
(h) Solar*energie*
(i) Solar*zelle*

4 (a) Wenn Herr Paul in der Stadt seiner Wahl leben könnte, würde er am liebsten in San Francisco leben. (b) Wenn er im Lotto gewinnen würde, würde er eine Weltreise machen. (c) Wenn er in die Vergangenheit reisen könnte, würde er in die Antike fahren. (d) Wenn er mit einem Popstar essen gehen könnte, würde er am liebsten mit Madonna essen gehen. (e) Wenn er eine bekannte Person interviewen könnte, würde er am liebsten Michael Schuhmacher interviewen. (f) Wenn er in einem Film mitspielen könnte, würde er gerne im neuesten James Bond-Film mitspielen. **5** (a) Bierdose (b) Parkarbeiter (c) Nase (d) sinnvolle (e) Container (f) Tasch (g) kurz **6** (a)-iv) (b)-v) (c)-vi) (d)-i) (e)-ii) f)-iii) **7** (a) Was geht Sie das denn an? (b) Ist doch sowieso alles schon zu spät. (c) Wollen Sie mich auf den Arm nehmen? (d) Dieser ganze Quatsch mit … (e) Und jetzt lassen Sie mich in Ruhe. **8** (a) Er hat davon gelesen. (b) Sie hat drei Tonnen zu Hause in ihrer Garage. (c) Das Altpapier kommt in die blaue Tonne. (d) Sie sagt, dass jetzt jeder etwas für die Umwelt tun kann. (e) Man muss Geld bezahlen. (f) Sie kommen in spezielle Container. **9** (a) Verpackungen (b) Blechdose (c) Sondermüll (d) Altbatterien (e) Farbe (f) Sammelstelle **10** (a) … komisch (b) … sich um den Müll zu kümmern (c) … getrennt gesammelt und dann wieder verwertet oder umweltfreundlich entsorgt wird. (d) … die blaue Tonne. (e) … der Biomüll. (f) … in einen Sack. (g) … Sammelstelle gebracht/gefahren werden. (h) … einen Container. (i) …etwas für die Umwelt tun kann.

Mehr Übungen

1 The following are only sample answers:
(a) Wenn ich du wäre, würde ich weniger arbeiten. (b) An deiner Stelle würde ich mehr studieren. (c) Wenn ich du wäre, würde ich mich um eine Stelle bewerben. (d) Wenn ich du wäre, würde ich weniger Süßigkeiten essen. (e) Wenn ich du wäre, würde ich mal Top of the Pops hören. (f) An deiner Stelle würde ich mal zum Friseur gehen.

2 (a) Durch Solarzellen wird Energie erzeugt. (b) Altglas wird wieder verwertet. (c) Blechdosen werden zum Container gebracht. (d) Der Sondermüll wird zur Sammelstelle gebracht. (e) „Die Grünen" wurden 1979 gegründet. (f) Ich bin der Meinung, dass nicht genug/genügend für die Umwelt getan wird. (g) Man könnte zum Beispiel mehr mit öffentlichen Verkehrsmitteln fahren. Man könnte im Haus Energie sparen. Außerdem wäre es möglich ...

3
– Also, es gibt eine braune Tonne für Biomüll, eine blaue für Papier und einen Plastiksack für alle Verpackungen, die den Grünen Punkt haben.
– Alles wird im Wechsel vierzehntägig abgeholt.
– Ja, die meisten Leute machen mit. Wenn man nicht mitmacht, muss man saftige Strafen zahlen. Es gibt ja auch Aufklärungsblätter und so weiter, um die Bevölkerung zu informieren. Gibt es eigentlich große Unterschiede zwischen Deutschland und England?
– Ich glaube, dass Recycling eine sehr sinnvolle Sache ist. Denn wenn wir jetzt nichts für die Umwelt tun, wie sieht dann die Welt für die Kinder in der Zukunft aus?
– Natürlich, aber es ist zumindest ein Anfang gemacht.

Lesetext A
(a) It has improved slightly. (b) 20%. (c) When it has lost a quarter of its needles or leaves. (d) Oaks.

Lesetext B
(a) Denise: ... fände es gut, wenn jeder bewusster mit der Umwelt umgehen würde. (b) Julian: Schon bei uns auf der Grundschule haben wir gelernt, wie wichtig Mülltrennung und vor allem Müllvermeidung ist ... (c) Danilo: Ist ja auch wirklich keine große Aktion, die Sachen in verschiedene Mülleimer zu werfen. (c) Danilo: Das mit der Mülltrennung finde ich voll okay.

Lektion 10

1 (a) Täglich erscheinen etwa 400 Zeitungen in Deutschland. (d) Anders als in Großbritannien dominieren sie den Zeitungsmarkt. (c) Politisch ist die *Frankfurter Allgemeine Zeitung* eher konservativ. (d) Die *Bild* hat eine Auflage von etwa 4,5 Millionen. (e) Computerzeitschriften, Magazine für Essen und Trinken und Zeitschriften über Motorsport. (f) Den *Spiegel* gibt es seit 1947. **2** (b) Regionalzeitungen (c) überregionale (d) linksliberal (e) Boulevardzeitung (f) Auflage, Exemplaren (g) Nachrichtenmagazine (h) Zeitungen, Zeitschriften *TIP 1* (a) Wer sich noch weiter informieren möchte, wird dann vielleicht noch eine der überregionalen Zeitungen

lesen, **die** man in ganz Deutschland bekommen kann. (b) Die
bekanntesten Wochenzeitungen sind *Die Zeit* und *Die Woche*, **die** beide
aus Hamburg kommen. **3** (a) *die tageszeitung* (b) *Frankfurter Allgemeine
Zeitung* (c) *Hamburger Morgenpost* (d) *Süddeutsche Zeitung* (e)
Westdeutsche Allegemeine Zeitung **4** (a)-iv (b)-vi (c)-v (d)-i (e)-ii (f)-iii **5**
1.-c) 2.-b) 3.-c) 4.-c) 5.-b) 6.-c) 7.-b) 8.-a) **6** (a) Das größte Bundesland
ist Nordrhein-Westfalen. (b) Das kleinste Bundesland ist Bremen. (c)
Hamburg und Bremen werden auch Stadtstaaten genannt. (d) Wahlen gibt
es alle vier Jahre. (e) Der Bundespräsident hat vor allem repräsentative
Aufgaben. (f) Das föderalistische Prinzip ist ein Grundpfeiler der
politischen Struktur Deutschlands. **7** (a) Herzlich willkommen zu einer
neuen Ausgabe von ... (b) Unser erstes Thema heute ist Deutschland. (c)
Nun, stellen Sie sich einmal die Europakarte vor ... (d) Wie Sie wissen,
besteht Deutschland aus 16 BundesLändern. (e) Wenn ich Sie fragen
würde ... (f) Insgesamt sind es neun Länder ... (g) Aber wie viele
Abgeordnete hat der Bundestag eigentlich? (h) Mehr darüber in der
nächsten Woche. **8** (a) **R.** (b) **F.** Der Motor der deutschen Wirtschaft war
das produzierende Gewerbe. (c) **F.** Deutschlands Wirtschaft exportiert
mehr. (d) **F.** Die wichtigsten Handelspartner sind die Länder der EU. (e)
R. (f) **F.** Viele Firmen haben ihre internationale Präsenz verstärkt. **9** (a)
das produzierende Gewerbe (b) Maschinenbau (c) chemische Industrie (d)
Dienstleistungssektor (e) Wirtschaftszweige (f) Handelspartner (g) Export/
Ausfuhr (h) Globalisierung **10** (a) ... das produzierende Gewerbe. (b) ...
Volkswagen, BMW und Mercedes-Chrysler. (c) ... die chemische
Industrie und der Maschinenbau. (d) ... sind die Länder der EU. (e) ... ist
die hohe Arbeitslosigkeit. (f) ... sind nicht so viele Jobs geschaffen
worden, wie in den USA oder in Großbritannien. (g) ... international
präsent sein. (h) ... optimistisch.

Mehr Übungen

1 Das ist Herr Franke, ... (a) der als Journalist arbeitet. (b) dessen Frau
auch Journalistin ist. (c) dessen Sohn in den USA studiert. (d) der einen
roten Ferrari fährt. (e) der meistens italienische Anzüge trägt. (f) den man
auf vielen Partys sieht. (g) von dem ich noch E 200, bekomme. **2** (b)
Einwohner (c) Demokratie (d) Bundestag (e) Abgeordnete (f) gewählt (g)
Macht (h) Bundeskanzler (i) Bundespräsident (j) Aufgaben (k) Export (l)
Wirtschaftszweige (m) Handelspartner

3

- Das produzierende Gewerbe ist seht wichtig. Es ist der Motor der deutschen Industrie.
- Auch die chemische Industrie und der Maschinenbau sind sehr wichtig.
- Die Banken und Versicherungsfirmen spielen auch eine große Rolle.
- Ja. Die Autoindustrie zum Beispiel exportiert mehr als 60% ihrer Produkte.
- Ein Drittel aller Arbeitsplätze hängt vom Export ab.
- Die wichtigsten Handelspartner sind die Länder der EU.
- Ich denke, dass die Globalisierung immer wichtiger werden wird. Insgesamt bin ich sehr optimistisch.

Lesetext A

a) Thema ist das Leben der Deutschen in den letzten 100 Jahren. (b) Es gibt 52 Folgen. (c) Sie wollen die Alltagsgeschichte, die Erfahrung einfacher Leute zeigen. d) Die Serie wird auch in Englisch und Spanisch gezeigt.

Lesetext B

a) **Nachrichten & Medien** – Zeitschriften (b) **Städte & Länder** – Schweiz (c) **Handel & Wirtschaft** – Finanzen.

LIST OF COMMON IRREGULAR VERBS

infinitive	present tense vowel change 3rd person sing	simple past	past participle
anfangen *to start*	fängt an	fing an	angefangen
anrufen *to telephone*		rief an	angerufen
aufstehen *to get up*		stand auf	aufgestanden*
beginnen *to begin*		begann	begonnen
bieten to *offer*		bot	geboten
bleiben *to stay*		blieb	geblieben*
brechen *to break*	bricht	brach	gebrochen
brennen *to burn*		brannte	gebrannt
bringen *to bring*		brachte	gebracht
denken *to think*		dachte	gedacht
einladen *to invite*	lädt ein	lud ein	eingeladen
empfehlen *to recommend*	empfiehlt	empfahl	empfohlen
essen *to eat*	isst	aß	gegessen
fahren *to go (by vehicle), to drive*	fährt	fuhr	gefahren*
fallen *to fall*	fällt	fiel	gefallen*
finden *to find*		fand	gefunden
fliegen *to fly*		flog	geflogen*
geben *to give*	gibt	gab	gegeben
gehen *to go*		ging	gegangen
gelten *to be regarded*	gilt	galt	gegolten
geschehen *to happen*	geschieht	geschah	geschehen*
haben *to have*		hatte	gehabt
halten *to hold, keep*	hält	hielt	gehalten
heißen *to be called*		hieß	geheißen

* these verbs normally form their perfect tense with **sein**

infinitive	present tense vowel change 3rd person sing	simple past	past participle
helfen *to help*	hilft	half	geholfen
kennen *to know, be acquainted with*		kannte	gekannt
kommen *to come*		kam	gekommen*
lassen *to let, to leave*	lässt	ließ	gelassen
laufen *to run, walk*	läuft	lief	gelaufen*
liegen *to lie*		lag	gelegen*
nehmen *to take*	nimmt	nahm	genommen
nennen *to name*		nannte	genannt
raten *to advise*	rät	riet	geraten
reißen *to tear*		riss	gerissen
reiten *to ride*		ritt	geritten*
rennen *to run, race*		rannte	gerannt*
riechen *to smell*		roch	gerochen
scheinen *to seem; to shine*		schien	geschienen
schlafen *to sleep*	schläft	schlief	geschlafen
schlagen *to hit*	schlägt	schlug	geschlagen
schließen *to shut, close*		schloss	geschlossen
schneiden *to cut*		schnitt	geschnitten
schreiben *to write*		schrieb	geschrieben
schwimmen *to swin*		schwamm	geschwommen*
sehen *to see*	sieht	sah	gesehen
sein *to be*	ist	war	gewesen*
singen *to sing*		sang	gesungen
sitzen *to sit*		saß	gesessen
sprechen *to speak*	spricht	sprach	gesprochen
springen *to jump*		sprang	gesprungen*
stehen *to stand*		stand	gestanden
steigen *to rise*		stieg	gestiegen*
sterben *to die*	stirbt	starb	gestorben*
tragen *to carry, wear*	trägt	trug	getragen
treffen *to meet*	trifft	traf	getroffen
treiben *to do (esp. sport)*		trieb	getrieben
treten *to step, tread*	tritt	trat	getreten*
trinken *to drink*		trank	getrunken
tun *to do*		tat	getan

infinitive	Present tense vowel change 3rd person sing	simple past	past participle
vergessen *to forget*	vergisst	vergaß	vergessen
verlieren *to lose*		verlor	verloren
wachsen *to grow*	wächst	wuchs	gewachsen*
waschen *to wash*	wäscht	wusch	gewaschen
werben *to advertise*	wirbt	warb	geworben
werden *to become*	wird	wurde	geworden*
werfen *to throw*	wirft	warf	geworfen
wissen *to know*	weiß	wusste	gewusst
ziehen *to move*		zog	gezogen*
zwingen *to force, compel*		zwang	gezwungen

GERMAN–ENGLISH GLOSSARY

This glossary is intended to help you recall and use some of the most important words that you have met during the course. It is not intended to be comprehensive.

* indicates that this verb or its root form can be found in the *List of Common Irregular Verbs* on pages 196–8.

I indicates that a verb is separable (e.g. ab I bauen).

With job titles, nationalities, etc., the female version is usually given in an abbreviated form, e.g. der Akademiker (-) / die -in. In the plural feminine nouns ending in **-in** add **-nen**, e.g. die Akademikerin, die Akademikerinnen.

Abkürzungen (abbreviations)

acc. – accusative   adj. n. – adjectival noun   coll. – colloquial   dat. – dative

neut. – neuter   gen. – genitive   plur. – plural   wk. n. – weak noun

ab und zu   *now and again*
ab I fahren*   *to depart*
die Abfahrt (-en)   *departure*
die Abgase (plural)   *exhaust fumes*
der/die Abgeordnete (adj. n.)
   member of parliament
abgesehen von + dat.   *apart from*
ab I hängen von + dat.   *to depend on*
abhängig von + dat.   *dependent on*
ab I holen   *to pick up, collect*
das Abitur   *school-leaving
   examination, roughly equivalent to
   A-levels in England and Wales*
ab I legen   *to sit, take (an exam)*
ab I schaffen   *to abolish, get rid of*
ab I schließen*   *to finish (one's studies)*

der Abschluss (-ᵉe)   *leaving exam*
die Abteilung (-en)   *department*
achtlos   *heedless(ly), without caring*
ähnlich   *similar(ly)*
der Akademiker (-)/ die -in   *graduate*
der/die Alkoholkranke (adj. n.)
   *person who is ill from alcohol-
   related problems*
allerhand   *all sorts (of things)*
allgemein   *general*
im Allgemeinen   *in general*
allzuviel   *too much*
als Nächstes   *next*
das Alter   *age*
die Ampel (-n)   *traffic lights*
an I belangen   *to concern*

Was ... anbelangt, ... *in so far as ... is concerned*

an I bieten* *to offer*

andere *other, different*

andere Länder, andere Sitten *when in Rome, do as the Romans do;* lit. *different countries, different customs*

anders *different(ly)*

anderthalb *one and a half*

an I fallen* *to come up (of work)*

der Anfang (-̈e) *beginning*

von Anfang an *from the start*

der Anfängerkurs (-e) *beginners course*

an I gehen * *to concern*

Das geht dich nichts an. *That doesn't concern you.*

der/die Angestellte (adj. n.) *employee*

die Angewandte Psychologie *Applied Psychology*

die Anglistik *English language and literature*

die Angst (-̈e) *fear, anxiety*

an I kommen* *to arrive*

gut ankommen *to be well received*

die Ankunft (-̈e) *arrival*

der Anlass (-̈e) *occasion, reason*

an I melden *to register,*

annähernd *almost*

an I nehmen* *to assume*

sich an I passen an (+ acc.) *to adapt to*

sich etwas an I schauen *to watch, look at something*

anschließend *afterwards, subsequently*

ansonsten *otherwise*

der Anspruch (-̈e) auf (+ acc.) *right to*

in Anspruch nehmen* *to take up (of time, energy, etc.)*

anstatt (+ gen.) *instead of*

der Anteil (-e) *proportion*

an I wachsen* *to grow, increase*

der Anwärter/die -in *candidate (for a job)*

die Anzahl *number*

arbeitsam *hard-working*

das Arbeitsamt (-̈er) *job centre*

die Arbeitslosigkeit *unemployment*

der Arbeitsplatz (-̈e) *workplace; job*

der Architekt (wk. n.)/ die -in *architect*

sich ärgern (über + acc.) *to be annoyed (about)*

der Arm (-e) *arm*

jdn auf den Arm nehmen* *to pull someone's leg* (coll.)

der Artikel (-) *article*

die Ärztekammer (-n) *chamber of doctors*

der Assistent (wk. n.)/ die -in *assistant*

atmen *to breathe*

die Atomkraft *nuclear power*

die Auffassung (-en) *view, attitude*

auf I frischen *to freshen up, to polish up*

auf I geben* *to drop, give up*

auf I gießen *to pour on*

auf I hören *to stop, cease*

auf I polieren *to brush up*

auf I räumen *to clear up*

auf I stehen* *to get up*

der Aufwand *expense (in time/money)*

aufwendig *lavish*

die Ausbildung (-en) *training*

ausfallen lassen* *to skip*

der Ausflug (-̈e) *excursion, trip*

aus I führen *to export*

ausführlich *detailed*

die Ausgabe (-n) *edition*

der Ausgang (-̈e) *exit, way out*

aus I geben*   *to spend (of money)*
aus I gehen*   *to go out*
ausgepumpt   *(coll.) exhausted*
ausgiebig   *thoroughly*
die Auskunft (-̈e)   *information*
der Ausländer/die -in   *foreigner*
aus I machen   *to switch/turn off*
die Ausnahme (-n)   *exception*
sich aus I schließen*   *to exclude oneself*
aus I sehen*   *to look (like)*
außer (+ dat.)   *besides, except (for)*
außerhalb   *outside (of a town)*
sich aus I sprechen* für (+ acc.)   *to speak in favour of*
die Ausstellung (-en)   *exhibition*
sich aus I tauschen   *to exchange views*
aus I tragen*   *to fight out*
aus I treten* (aus + dat.)   *to leave (a club, a society, etc.)*

der Badeurlaub (-e)   *swimming holiday*
die Bahn (-en)   *railway*
   mit der Bahn   *by rail*
der Bahnhof (-̈e)   *station*
bald   *soon*
der Ballungsraum (-̈e)   *conurbation*
die Banklehre (-n)   *banking apprenticeship*
die Batterie (-n)   *battery*
der Bauingenieur (-e)/die -in   *civil engineer*
(das) Bayern   *Bavaria*
bedeuten   *to mean*
die Bedeutung (-en)   *importance*
beeindruckend   *impressive*
begegnen (+ dat.)   *to encounter*
sich begeistern für (+ acc.)   *to be enthusiatic about*
behindert   *handicapped*

das Beispiel (-e) (für + acc.)   *example (of)*
bekannt   *well-known*
der/die Bekannte (adj. n.)   *acquaintance*
bekehren   *to convert (someone)*
bekommen*   *to get, to receive*
belasten   *to strain, burden*
belegen   *to occupy (a room)*
sich bemühen   *to make an effort, try*
benutzen   *to use*
das Benzin   *petrol, gasolene*
bequem   *comfortable; convenient(ly)*
bereits   *already*
der Berg (-e)   *mountain*
berichten   *to report*
der Beruf (-e)   *job, profession*
Was sind Sie von Beruf?   *What job do you do?*
berufstätig   *(gainfully) employed*
beschäftigen   *to employ*
sich beschäftigen mit (+ dat.)   *to concern oneself with*
Bescheid wissen (über + acc.)   *to know (about)*
die Besichtigung (-en)   *sightseeing*
die Besorgnis (-se)   *concern*
bestätigen   *to confirm*
bestehen*   *to exist, be*
bestehen*   to *pass (an exam)*
bestellen   *to order*
besuchen   *to visit*
betreiben*   *to pursue; do; to run*
der Betrieb (-e)   *business, factory*
die Bevölkerung (-en)   *population*
bevölkerungsreich   *densely populated*
sich bewerben* (um + acc.)   *to apply (for)*
der Bewerber (-) / die -in   *applicant*
bewusst   *conscious*
die Bezahlung   *pay*
beziehungsweise   *alternatively, or*

bezüglich (+ gen.) *concerning, with regard to*
die Bibliothek (-en) *library*
der Bienenhonig *(bee) honey*
bieten* *to offer*
das Bild (-er) *picture, image*
bilden *to form, to constitute*
die Bildung *education*
binden *to bind; to take up*
die Biologie *biology*
die Biomasse (-n) *biomass*
das Blatt (-¨er) *leaf; sheet, newspaper*
blau *blue*
der Blick (-e) *view, glance*
die Branche (-n) *sector, industry*
die Boulevardzeitung (-en) *tabloid*
brechen* *to break*
der Brite (wk.n.)/ die -in *Briton*
die Brücke (-n) *bridge*
das Buch (-¨er) *book*
die Buche (-n) *beech (tree)*
bummeln *to stroll*
das Bundesland (-¨er) *federal state*
der Bundespräsident (wk.n.) *Federal President*
der Bundestag *Federal Parliament*
der Bürger (-) /die -in *citizen*
das Büro (-s) *office*
die Bushaltestelle (-n) *bus stop*

der Chef (-s) /die -in *boss, head*
die Chemie *chemistry*
das Cholesterin *cholesterol*
der Cholesterinspiegel (-) *cholesterol level*
der Computer (-) *computer*

dabei sein* *to be there; to be in the process of*
das Dach (-¨er) *roof*
dagegen *against that; on the other hand*
danach *after that, then*
danken *to thank*
dann *then*
auf Dauer *in the long term*
der Deckel (-) *lid;* (coll.) *driving licence*
denken* *to think*
deswegen *therefore, for this reason*
deutlich *clear(ly), significant(ly)*
dicht *densely; closely*
der Dienst (-e) *service*
der Dienstleistungssektor (-en) *service sector*
das Ding (-e) *thing*
der Direktor (wk. n.)/ die -in *director, head teacher*
diskutieren *to discuss*
der Dokumentarfilm (-e) *documentary (film)*
der Dom (-e) *cathedral*
doppelt so … wie *twice as … as*
das Dorf (¨-er) *village*
da ist 'was dran *there's some truth in that*
durch | führen *to conduct; carry out, implement*
durchgehend *all day, all the time*
der Durchschnitt (-e) *average*
dürfen *to be allowed to*
die Dusche (-n) *shower*
sich unter die Dusche stellen *to take a shower*

die Ecke (-n) *corner*
um die Ecke *around the corner*
egal *all the same*
ehrlich gesagt *quite honestly*
die Eiche (-n) *oak tree*
eigen *own*
die Eigenschaft (-en) *characteristic*
eigentlich *actual(ly)*
ein | atmen *to breathe in*

eindeutig *clear(ly), unambiguous(ly)*
ein | führen *to introduce*
einfach *simple, simply*
eingebunden *tied, constrained, bound*
die Einheit (-en) *unity*
das Einkommen (-) *income*
ein | laden* *to invite*
die Einladung (-en) *invitation*
ein | richten *to arrange*
die Einschätzung (-en) *estimation*
einschließlich (+ gen.) *inclusive of,*
 including
ein | sehen* *to recognise,*
 acknowledge
ein | sparen *to save*
ein | treten* (in + acc.) *to join*
die Einwirkung (-en) (auf + acc.)
 effect (on)
der Einwohner (-) *inhabitant*
einzigartig *unique*
empfehlen* *to recommend*
die Energie (-n) *energy*
die Energiequelle (-n) *source of*
 energy
die Energiesparlampe (-n) *energy-*
 saving bulb
die Englischkenntnisse (plur.)
 knowledge of English
entdecken *to discover*
enthalten* *to contain, to include*
entlassen* *to dismiss*
entscheiden *to decide*
sich entschuldigen *to apologise*
entsorgen *to dispose of (waste)*
sich entspannen *to relax*
entsprechend *corresponding,*
 respective
die Entwicklung (-en) *development,*
 trend
meines Erachtens *in my opinion*
erbringen* *to provide*
das Ereignis (-se) *event*

die Erfahrung (-en) *experience*
erforderlich *necessary*
die Erforschung (-en) *research*
ergänzen *to complete*
das Ergebnis (-se) *result*
sich erinnern an (+ acc.) *to*
 remember
erklären *to explain*
erledigen *to deal with, attend to*
sich ernähren von (+ dat.) *to feed*
 oneself on, live on
die Ernährung *nutrition*
ernennen *to appoint*
erneuerbar *renewable*
erreichen *to reach*
erscheinen* *to appear*
erst *first; only, not until*
ersticken *to suffocate*
sich erstrecken auf (+ acc.) *to stretch*
 to, extend to
der/die Erwachsene (adj. n.) *adult*
erzeugen *to generate, to produce*
essen* *to eat*
das Exemplar (-e) *copy*
der EZ-Zuschlag (-"e) *single room*
 suplement

fahren* *to go (in a vehicle), drive*
die Fahrerei *travelling backwards*
 and forwards
die Fahrerlaubnis (-se) *licence to*
 drive
die Fahrschule (-n) *driving school*
der Fall (-"e) *case; fall*
auf keinen Fall *under no*
 circumstances; lit.: *in no case*
die Farbe (-n) *colour, paint*
feiern *to celebrate*
Feierabend machen *to finish work*
fern | sehen* *to watch TV*
fertig *finished, ready*
das Fest (-e) *party, celebration*

die Festspiele (neut. plur.) *festival*

fest | stellen *to ascertain*

finden* *to find, to consider*

flächenmäßig *in area*

der Flegel (-) *lout*

fleißig *hard-working, industrious*

fließend *fluent(ly)*

der Flughafen (¨) *airport*

das Flugzeug (-e) *plane*

folgen (+ dat.) *to follow*

der Folgeschaden (¨) *harmful effect*

die Forderung (-en) *demand*

der/die Fortgeschrittene (adj. n.)
advanced learner

der Fotograf (wk. n.)/die -in
photographer

der Franzose (wk. n.) *Frenchman*

die Fremdsprache (-n) *foreign language*

sich freuen (über + acc.) *to be glad (about)*

sich freuen auf (+ acc.) *to look forward to*

froh *glad*

führen *to lead, to conduct; to run*

der Führerschein (-e) *driving licence*

die Führung (-en) *guided tour*

der Fuß (-¨e) *foot*

zu Fuß *on foot*

gar nicht *not at all*

der Gast (-¨e) *guest*

die Gaststätte (-n) *restaurant, inn*

das Gebäude (-) *building*

geben* *to give*

geboren *born*

Wann bist du geboren? *When were you born?*

Gebrauch machen von (+ dat.) *to make use of*

der Geburtstag (-e) *birthday*

gefährlich *dangerous*

gefallen* (+ dat.) *to be pleasing*

Es gefällt mir. *I like it.*

das Gefühl (-e) *feeling*

gehören *to belong*

die Geisteswissenschaften *Humanities*

geistig *mental(ly)*

der Geldmangel *lack of money*

die Gelegenheit (-en) *opportunity*

gelegentlich *occasionally*

das Gelenk (-e) *joint*

gelingen *to succeed*

Es ist uns nicht gelungen, ... *We didn't succeed in ... We didn't manage to ...*

gelten* als *to be regarded as*

gemächlich *leisurely*

genau *exact(ly), precise(ly)*

genau(er) hinschauen *to take a clos(er) look*

geöffnet *open*

das Gepäck *luggage*

gepflegt *well-kept*

geradeaus *straight on*

geregelt *regulated*

geschädigt *damaged*

die Geschäftsreise (-n) *business trip*

geschehen* *to happen*

das Geschenk (-e) *present*

die Geschichte (-n) *history; story*

geschieden *divorced*

das Geschirr *crockery, dishes*

der Geschmack (-¨e) *taste*

gesellig *sociable*

die Gesellschaft (-en) *society*

das Gesetz (-e) *law*

gestalten *to arrange, form, shape*

gestresst *stressed*

gesundheitlich *from the health point of view*

gewöhnen *to familiarize*

an etwas gewöhnt sein *to be used to something*

gewöhnlich *usually*
der Glascontainer (-) *glass container*
glauben (+ dat.) *to believe*
das Glück *(good) fortune*
Glück haben *to be lucky*
glücklicherweise *fortunately*
gratulieren (+ dat.) *to congratulate*
die Grenze (-n) *border, frontier*
großartig *magnificent(ly)*
  splendid(ly)
der Grund (-"e) *reason*
gründen *to found*
das Grundgesetz *Basic Law*
  (constitution of the Federal
  Republic)
gründlich *thorough*
die Gründlichkeit *thoroughness*
der Grundpfeiler (-) *cornerstone*
der Grüne Punkt *lit.: the Green Dot;*
  sign on products to indicate that a
  wrapping should be recycled
der Gymnasiallehrer/die -in *grammar*
  school teacher
das Gymnasium (Gymnasien)
  (German) grammar school

halten* von (+ dat.) *to think of*
die Haltestelle (-n) *(bus, train, tram)*
  stop
die Hand (-"e) *hand*
der Handel *trade*
handeln *to trade*
die Hauptschule (-n) *secondary school*
der Hauptschulabschluss (-"e)
  secondary-school leaving exam
  after 9 years of schooling
heiter *funny; cheerful; bright*
  Das kann ja heiter werden! *That*
  will be fun! (ironic)
die Heizplatte (-n) *hotplate*
die Heizung (-en) *heating*
helfen* (+ dat.) *to help*

der Herr (wk. n) *gentleman*
her I stellen *to produce, manufacture*
das Herz (wk. n.) *heart*
die Hilfe (-n) *help, assistance, aid*
der Hin- und Rückflug (-"e) *return*
  flight
hin I schauen *to look (at)*
hinterher *afterwards*
hin I weisen auf (+ acc.) *to point out*
die Hochschule (-n) *institution of*
  Higher Education
höchstens *at the most*
die Hochzeit (-en) *wedding*
die Hoffnung (-en) *hope*
der Honig *honey*
hören *to hear, to listen to*

immer *always*
immerhin *all the same, nevertheless*
der Industriekaufmann/die -frau
  person with three years' business
  training
die Industrienation (-en)
  industralised nation
das Ingenieurwesen *engineering*
insgesamt *in total, in all*
sich interessieren (für + acc.) *to be*
  interested in
Italienisch *Italian*

das Jahr (-e) *year*
vor zwei Jahren *two years ago*
zweimal im Jahr *twice a year*
das Jahrhundert (-e) *century*
je *in each case*
jeder/ -e/ -es *each, every*
jedenfalls *in any case*
jeweils *in each instance*
der Journalist (wk. n.)/die -in
  journalist
der/die Jugendliche (wk. n.) *young*
  person

der Junge (wk. n.) *boy*

(die) Jura *Law*

der Kaffee (-s) *coffee*

die Kammer (-n) *chamber*

der Kandidat (wk. n.)/ die -in *candidate*

der Kater (-) (coll.) *hangover; tomcat*

kaufen *to buy*

der Kegelclub (-s) *bowling club*

die Kehrseite (-n) *the other side*

der Kellner (-)/ die -in
waiter/waitress

die Kernenergie *nuclear energy*

die Kiste (-n) *old banger (car)*

klappen *to turn out all right*

klar *clear*

das Klischee (-s) *cliché*

der Kloß (-ꞈe) *dumpling*

kochen *to cook, to make (coffee)*

die Kochnische (-n) *small cooking area; lit.: cooking niche*

der Kollege (wk. n.)/die -in *colleague*

das Kolpingwerk *Kolping organisation* (named after a Catholic priest)

komisch *funny, strange*
Das hört sich komisch an. *That sounds strange.*

die Konkurrenz *competition*

konkurrenzfähig *competitive, viable*

können *to be able to*

das Körnchen (Wahrheit) *grain (of truth)*

körperlich *physically, bodily*

kosten *to cost*

die Kosten (plur.) *cost(s)*

kostspielig (-ꞈe) *force, power*

die Krankheit (-en) *disease, illness*

der Krebs (-e) *cancer*

der Kreislauf (-ꞈe) *circulatory system*

die Kreuzung (-en) *crossroads*

der Kühlschrank (-ꞈe) *refrigerator*

kulturinteressiert *interested in the arts*

sich kümmern um (+ acc.) *to take care of, look after, concern oneself with*

der Kunde (wk. n.)/ die Kundin
customer, client

die Kunst (-ꞈe) *art*

die Kur (-en) *cure (at a spa)*

kursiv *in italics*

das Labor (-s) *lab*

der Lack (-e) *varnish*

der Laden (-ꞈ) *shop*

das Land (ꞈer) *country; federal state*

die Landschaft (-en) *scenery*

der Landwirt (-e) *farmer*

lang *long*

langfristig *long-term, in the long run*

langjährig *of many years*

langsam *slow(ly)*

längst *long since*

langweilig *boring*
Wird Ihnen nicht manchmal langweilig? *Don't you get bored sometimes?*

laufen* *to run, walk*

auf dem Laufenden sein *to be up to date*

die Laufbahn (-en) *career*

laut *loud, noisy*

lebendig *lively*

die Lebensart (-en) *way of life*

der Lebenslauf (-ꞈe) *CV*

die Leberzirrhose (-n) *cirrhosis of the liver*

legen *to lay, put*

leiden *to suffer*

die Leistung (-en) *performance, achievement; what is included (in a package holiday)* die Leistungsanforderung (-en) *demands on performance*

der Leistungsdruck *pressure to perform, to work harder*

lieben *to love*

lieber *preferable*

Ich gehe lieber ins Kino. *I prefer to go to the cinema.*

liegen (in +dat.) *to lie (in); to be situated (in)*

liegen bleiben* *to be left over, undone*

links *on the left*

Gehen Sie nach links. *Go left.*

der/das Liter (-) *litre*

sich lohnen *to be worthwhile*

lösen *solve; to obtain (a ticket)*

los I gehen* *to start, set off*

die Luft (-̈e) *air*

Lust haben *to feel like, to want to*

die Macht (-̈e) *power*

das Mädchen (-) *girl*

die Mahlzeit *meal*

die Malerei *painting*

manche *some*

manchmal *sometimes*

marktdominierend *dominating the market*

die Marmelade (-n) *jam*

die Maßnahme (-n) *measure*

die Mathematik *Mathematics*

die Medaille (-n) *medal*

die Kehrseite der Medaille *on the other side of the coin*

die Medien (plur.) *media*

die Mehrheit (-en) *majority*

die Mehrwegflasche (-n) *reusable bottle*

meinen (zu + dat.) *to think about, to have an opinion on*

die Meinung (-en) *opinion*

meistens *mostly*

die Menge (-n) *quantity*

die Mensa (-en) *refectory, university dining hall*

der Mensch (wk. n.) *human being, person*

Mensch! *wow!*

merkwürdig *strange, peculiar*

der/das Meter (-) *metre*

der Metzger (-)/die -in *butcher*

die Metzgerei (-en) *butcher's (shop)*

die Minderheit (-en) *minority*

miteinander *with one another*

das Mitglied (-er) *member*

mit I machen *to take part, to participate*

der Mittag *midday*

zu Mittag essen *to have lunch*

mittags *midday, lunchtime*

die Mitte (-n) *middle, centre*

der Mittelpunkt (-e) *centre*

(die) Mitternacht *midnight*

die mittlere Reife *secondary-school leaving certificate taken after ten years of schooling*

der Modellbau *model building*

mögen *to like*

die Möglichkeit (-en) *possibility*

die Moralpredigt (-en) *(moralizing) lecture*

motiviert *motivated*

der Müll *rubbish, garbage*

der Mülleimer (-) *rubbish bin*

der Mund (-̈er) *mouth*

die Musik *music*

müssen *to have to, must*

die Muttersprache (-n) *mother tongue*

der Nachbar (wk. n.)/ die -in *neighbour*

die Nachfrage (-n) *demand*

die Nachrichtensendung (-en) *news broadcast*

das Nachschlagewerk (-e) *reference*

work

nach | sehen* *to have a look*

der Nachteil (-e) *disadvantage*

der Nachweis (-e) *proof, evidence*

einen Nachweis erbingen *to produce evidence*

die Nadel (-n) *needle*

die Nähe *proximity*

in der Nähe (von + dat.) *near*

nämlich lit.: *namely; you see*

der Name (wk. n.) *name*

die Nase (-n) *nose*

die Nase voll haben (coll.) *to have had enough*

natürlich *natural(ly), of course*

die Naturwissenschaft (-en) *natural science*

nehmen* *to take*

nervenaufreibend *nerve-racking*

neulich *recently*

der Nichtraucher (-) *non-smoker*

nie *never*

niedrig *low*

normalerweise *normally*

die Note (-n) *mark, grade*

nötig *necessary*

notwendig *necessary*

nur *only*

nutzen *to use*

die Öffentlichkeit *public*

oft *often*

öfters *fairly often*

ordentlich *tidy*

die Ordnung *order, orderliness, tidiness*

ordnungsliebend *liking to see things neat and tidy*

der Ort (-¨er) *place*

die Ostseeküste *Baltic Coast*

die Partnerstadt (-¨e) *twin town*

passen *to match*

passieren *to happen*

pendeln *to commute*

die Pension (-en) *guesthouse, pensio*

die Personalabteilung (-en) *personnel department*

der Personalberater (-)/ die -in *personnel consultant*

die Personalfortbildung (-en) *staff development*

das Pflanzenöl (-e) *vegetable oil*

die Podiumsdiskussion (-en) *panel discussion*

der Politiker (-)/die -in *politician*

der Polizist (wk. n.)/die -in *police officer*

das Praktikum (die Praktika) *work placement*

der Präsident (wk. n.)/die -in *president*

das Problem (-e) *problem*

die Prüfung (-en) *examination*

der Punkt (-e) *point, full stop, dot*

der Quatsch (coll.) *nonsense*

der Rand (-¨er) *edge*

raten* (+ dat.) *to advise*

die Ratesendung (-en) *panel game, quiz show*

die Realschule (-en) *school geared to the* mittlere Reife *exam (roughly equivalent to GCSE in England an* Wales)

das Recht (-e) (auf + acc.) *right to*

das Recht *Law*

Recht haben *to be right*

rechts *on the right*

nach rechts *to the right*

das Recycling *recycling*

recyceln *to recycle*

die Redaktion (-en) *editorial staff*

reden (über + acc.) *to talk (about)*

der Referent (wk. n.)/die -in *expert, adviser*

die Regel (-n) *rule*

regelmäßig *regular(ly)*

regeln *to regulate, to settle*

regional *regional(ly)*

reichen *to suffice*

  Das hat mir gereicht. *That was enough for me.*

die Reihe (-n) *series*

rein *pure, clean*

reinigen *to clean*

die Reisebegleitung (-en) *accompanied tour, lit. tour accompaniment*

der Reiseleiter (-) *courier*

reiselustig *keen on travelling*

der Reiseverlauf (-̈e) *tour plan; lit.: tour course*

das Reiseziel (-e) *destination*

der Renner (-) *hit*

renovieren *to renovate*

der Rentner (-)/die -in *pensioner*

der Richter (-) *judge*

richtig *right, correct*

die Richtung (-en) *direction*

der Rohstoff (-e) *raw material*

die Rolle (-n) *role*

die Ruhe *peace, quiet*

und *around*

die Sache (-n) *thing, matter*

der Saft (-̈e) *juice*

die Sammelstelle (-n) *collecting point*

sauber *clean*

sauber machen *to clean*

das Sauerkraut *sauerkraut, pickled cabbage*

schädigen *to harm, damage*

schaffen (coll.) *to manage*

schaffen *to create*

der Schalter (-) *ticket window*

schätzen *to appreciate, estimate*

schauen (auf + acc.) *to look (at)*

die Scheibe (-n) *slice*

schlafen* *to sleep*

schlecht *bad*

schließen* *to shut, close*

schließlich *after all, finally*

der Schluss (-̈e) *end*

zum Schluss *finally*

der Schnitt (-e) *average*

schon *already*

schrecklich *terrible*

der Schreibtisch (-e) *desk*

der Schreiner (-) /die -in *carpenter*

die Schreinerlehre (-n) *carpentry apprenticeship*

der Schutz *protection*

der Schweinebraten (-) *roast pork*

die Schwiegereltern (plur.) *parents-in-law*

schwierig *difficult*

die Schwierigkeit (-en) *difficulty*

der Schwimmunterricht *swimming (lessons)*

das Schwindelgefühl (-e) *feeling of dizziness*

der See (-n) *lake*

die See (-n) *sea*

die Seehöhe *sea level*

die Sehenswürdigkeit (-en) *sight (worth seeing)*

die Seite (-n) *side; page*

selbstständig *self-employed; independent*

selten *rare(ly)*

das Semester (-) *semester*

das Seminar (-e) *seminar*

senden *to broadcast*

der Sender (-) *(radio/TV) station*

setzen *to put, place*

sicher *safe, secure*

sicher *sure(ly), certain(ly)*
sicherlich *certainly, undoubtedly*
der Sinn (-e) *sense*
Ski fahren* *to go skiing*
sofort *immediately*
sogar *even*
die Solarenergie (-n) *solar energy*
die Solarzelle (-n) *solar cell*
der Soldat (wk. n.)/ die -in *soldier*
sollen *ought, should*
der Sondermüll *hazardous waste*
sonnabends *on Saturdays*
die Sonne (-n) *sun*
die Sonnenenergie (-n) *solar energy*
sonst *otherwise*
die Sorge (-n) *worry*
  Machst du dir keine Sorgen? *Don't you worry?*
sowieso *anyway, in any case*
der Sozialarbeiter (-)/die -in *social worker*
der Sozialpädagoge (wk. n.)/ die -pädagogin *person with a degree in Social Education*
der Spaß (-¨e) *fun*
  Es macht mir Spaß *I enjoy it*
speziell *special(ly)*
spielen *to play*
der Spitzenreiter (-) *leader, front runner*
Sport treiben *to do sports*
sprechen *to speak*
der Sprit (coll.) *petrol*
das Staatsexamen (-) *state exam; similar to a degree*
ständig *constant(ly)*
die Stange (-n) *stick*
eine schöne Stange Geld *a small fortune*
stark *strong(ly)*
der Starnberger See *large lake near Munich*

statt I finden* *to take place*
staunen (über + acc.) *to be amazed (at)*
stehen* *to stand*
steigen* *to rise*
sich steigern *to increase*
stellen *to put, place*
die Stellung (-en) *position, job*
stellvertretend *deputy*
sterben* *to die*
stimmen *to be correct*
der Stoff (-e) *substance*
die Störung (-en) *disturbance*
die Straßenbahn (-en) *tram*
streng *strict(ly)*
stressfrei *free of stress*
stricken *to knit*
der Strom *electricity*
der Student (wk. n.)/ die -in *student*
der Studienabschluss (-¨e) *roughly equivalent to a degree* (lit.: end of studies)
der Studienplatz (-¨e) *university place*
die Studienzeit (-en) *period of study*
die Stunde (-n) *hour, lesson*
suchen *to search, to look for*
die Süßigkeiten (plur.) *sweet things, confectionery*
der Supermarkt (-¨e) *supermarket*

die Tabellenkalkulation (-en) *spreadsheets*
der Tagesablauf (-¨e) *daily routine*
die Tageszeitung (-en) *daily paper*
der Tanzclub (-s) *dance club*
tanzen *to dance*
der Tanzkurs (-e) *dancing classes*
sich täuschen (-e) *to be wrong, to be mistaken*
der Teelöffel (-) *teaspoon*
der Teil (-e) *part*

teilen *to share*
teuer *dear, expensive*
die Textverarbeitung *word processing*
das Theaterstück (-e) *play, drama*
das Thema (Themen) *subject, topic*
(das) Thüringen *Thuringia* - one of
the sixteen German "Länder"
toll (coll.) *fantastic, great*
der Tourist (wk. n.)/ die -in *tourist*
der Traum (-ˮe) *dream*
treffen* *to meet*
trennen *to separate*
der Trost *consolation, comfort*
tun* *to do*
das Turnier (-en) *tournament*
typisch *typical(ly)*

die U-Bahn (-en) (= Untergrundbahn)
tube, subway
über I einstimmen (mit + dat.) *to
agree (with)*
überfüllt *overcrowded*
überhaupt nicht *not at all*
übermorgen *the day after tomorrow*
die Übernachtung (-en) *overnight
stay*
übernehmen* *to take on*
überprüfen *to check (over)*
überregional *national, nationwide*
übersetzen *to translate*
übertreiben* *to exaggerate*
übrigens *by the way*
umfassend *comprehensive*
die Umfrage (-n) *survey, opinion poll*
die Umgebung (-en) *surrounding
area*
um I gehen* (mit + dat.) *to deal
with*
umsonst *free of charge*
umweltbewusst *conscious of the
environment*
der Umweltflegel (-) *lout (in
environmental matters)*
das Umweltministerium *Ministry of
the Environment*
der Umweltschutz *environmental
protection*
unbedingt *definitely, at all costs*
unbemerkt *unnoticed*
ungeheuer *huge(ly), immense(ly)*
unheimlich viel *a huge amount*
das Unrecht (-e) *injustice*
sich unterhalten* (über + acc.) *to
talk (about)*
die Unterhaltung *entertainment*
die Unterhaltungsserie (-n) *serial*
der Untermieter (-) *lodger*
unternehmen* *to do, undertake*
der Unterricht *instruction, lessons*
unterrichten *to teach, instruct*
unterschiedlich *different(ly), varying*
der Untertitel (-) *subtitle*
unterwegs sein *to be away, to be on
a trip*
unvergleichlich *incomparably*
der Urenkel (-)/ die -in *great-
grandchild*
der Urlaub (-e) *holiday, vacation*
der Urlauber (-) *holidaymaker*

die Veranstaltung (-en) *event*
die Verantwortung *responsibility*
verbessern *to improve*
verbieten* *to prohibit, to ban*
verbinden *to join, combine*
das Verbot (-e) *ban*
verbringen* *to spend (time)*
verdienen *to earn*
die Verfassung (-en) *constitution*
verfassungsgemäß *constitutional*
zur Verfügung stehen *to be
available, at one's disposal*
vergangen *past*
die Vergangenheit (-en) *past*

vergessen* *to forget*

der Vergleich (-e) *comparison*
im Vergleich (zu/mit + dat.)
compared (to/with)

vergleichen *to compare*

die Verhandlung (-en) *negotiation*

verhängen *to impose (a ban)*

verheiratet *married*

der Verkehr *traffic*

das Verkehrsamt (-̈er) *tourist
information office*

verkennen* *to fail to appreciate,
recognise*

der Verlag (-e) *publishing company*

verlangen *to demand*
Das ist zu viel verlangt. *That is
asking too much.*

verlassen* *to leave*

verlieren* *to lose*

vermeiden *to avoid*

vermitteln *to give, provide*

die Verpackung (-en) *wrapping,
packaging*

verpesten *to pollute*

verpflichten *to oblige, commit*

verplanen *to book out completely, to
plan every minute*

verregnet *rainy, wet, spoilt by rain*

verrückt *mad, insane*

verschieden *various, different*

die Versicherungsfirma (-firmen)
insurance company

das Verständnis *understanding*

verstärken *to reinforce, to increase*

der Versuch (-e) *experiment, attempt*

versuchen *to try*

vertuschen *to exchange*

vertraut sein (mit +dat.) *to be
familiar (with)*

der/die Verwandte (adj. n.) *relative*

verwenden *to use*

verzichten (auf + acc.) *to do without*

vierzehntägig *fortnightly*

das Volk (-̈er) *people, nation*

voll *full*

vollkommen *complete(ly)*

vor allem *above all*

vor | behalten* *to reserve (the right)*

vor | bereiten *to prepare*

die Vorbereitung (-en) *preparation*

vorher *in advance, beforehand*

vor | kommen* *to occur*

die Vorlesung (-en) *lecture*

der Vorlesungssaal (-̈e) *lecture
theatre*

die Vorliebe (-n) *preference*

vor | nehmen* *to carry out; to mean*

der Vorsatz (-̈e) *intention, resolution*

vor | schlagen* *to suggest, propose*

die Vorschrift (-en) *regulation*

vor | stellen *to introduce*

sich (etwas) vor | stellen *to imagine
(something)*

die Vorstellung (-en) *idea, concept*

der Vorteil (-e) *advantage*

das Vorurteil (-e) *prejudice*

vor | ziehen* *to prefer*

wachsen* *to grow*

die Wahrheit (-en) *truth*

wahrscheinlich *probably*

der Wald (-̈er) *forests*

das Waldsterben *death of forests*

wandern *to ramble, hike*

warnen (vor + dat.) *to warn (against)*

was für …? *what kind of …?*

die Wäsche *laundry, washing*

waschen* *to wash*

der Waschsalon (-s) *launderette*

im Wechsel *alternating*

weder … noch *neither … nor*

weg | kommen* (von + dat.) *to get
away from*

(das) Weihnachten *Christmas*

weiter *further*
weitaus *by far, much*
weitgehend *largely, to a large extent*
die Welt (-en) *world*
weltbekannt *famous throughout the world*
der Weltmeister (-) *world champion*
werden* *to become*
die Werkstatt (¨-en) *workshop*
die Werkzeugmaschine (-n) *machine tool*
der Wert (-e) *value*
wert *worth*
wichtig *important*
widersprechen* *to contradict*
wiedervereinigt *re-united*
wieder Iverwerten *to recycle*
wie viel? *how much, how many*
willkommen *welcome*
wirtschaftlich *economic/ally*
das Wirtschaftsklima *economic climate*
das Wirtschaftswunder (-) *economic-miracle*
wissen* *to know (a fact)*
der Wissenschaftler (-)/ die -in *scientist, scholar, academic*
die Witwe (-n) *widow*
der Witz (-e) *joke*
die Woche (-n) *week*
wohin? *where ... to?*
sich wohl I fühlen *to feel at home*
wollen *to want to, intend to*
womöglich *where possible*
das Wörterbuch (¨-er) *dictionary*
wunderschön *really beautiful*

die Zahl (-en) *number*
der Zähler (-) *meter*
zeigen *to show*
zeitaufwendig *time-consuming*
eine Zeit lang *for a while*

der Zeitmangel *lack of time*
zeitraubend *time-consuming*
die Zeitschrift (-en) *journal, magazine*
ziehen* *to move, pull*
ziemlich *fairly*
zirka *about, approximately*
der Zivildienst *community service (instead of military service)*
zuerst *at first*
zufrieden *satisfied*
der Zug (-e) *train*
im Zuge von (+ dat.) *in the wake of*
zu I hören (+ dat.) *to listen to*
die Zukunft *future*
zu I machen *to close*
die Zumutung (-en) *imposition*
zunächst *first, initially*
der Zustand (-¨e) *state*
die Zusteigemöglichkeit (-en) *pick-up point; lit.: getting-on possibilities*
zwar *admittedly*
die Zweigstelle (-n) *branch, subsidiary*
in der Zwischenzeit *in the meantime*

INDEX

The numbers after each entry refer to the **Lektionen**